国家社科基金
后期资助项目

我国人工智能产业创新策源的机理及路径研究

胡　斌　著

科学出版社

北　京

内 容 简 介

本书通过剖析人工智能产业创新策源能力的形成机理，从人工智能产业创新策源的能力结构及其与人工智能产业创新生态系统相互关系出发，构建人工智能产业创新策源能力评价指标体系，补充了人工智能产业领域目前尚显不足的人工智能产业区域性研究及关于人工智能产业创新策源能力的研究；通过对我国人工智能产业创新策源能力的评价，明晰人工智能产业创新策源能力的提升路径，为人工智能产业区域性研究及关于人工智能产业创新策源能力的研究提供了新的立足点。

本书可为有人工智能产业创新需求的学者、学生及企业家提供一定的参考，从而推动人工智能产业高质量发展。

图书在版编目（CIP）数据

我国人工智能产业创新策源的机理及路径研究 / 胡斌著. —— 北京：科学出版社，2024. 11. -- ISBN 978-7-03-079623-3

Ⅰ. F492.3

中国国家版本馆 CIP 数据核字第 2024LR3740 号

责任编辑：郝　悦 / 责任校对：贾娜娜
责任印制：张　伟 / 封面设计：有道文化

科 学 出 版 社 出版
北京东黄城根北街 16 号
邮政编码：100717
http://www.sciencep.com

北京中石油彩色印刷有限责任公司印刷
科学出版社发行　各地新华书店经销
*
2024 年 11 月第 一 版　开本：720×1000　B5
2024 年 11 月第一次印刷　印张：11 3/4
字数：220 000
定价：130.00 元

国家社科基金后期资助项目
出版说明

后期资助项目是国家社科基金设立的一类重要项目，旨在鼓励广大社科研究者潜心治学，支持基础研究多出优秀成果。它是经过严格评审，从接近完成的科研成果中遴选立项的。为扩大后期资助项目的影响，更好地推动学术发展，促进成果转化，全国哲学社会科学工作办公室按照"统一设计、统一标识、统一版式、形成系列"的总体要求，组织出版国家社科基金后期资助项目成果。

全国哲学社会科学工作办公室

前　言

当前，我国的科技创新处于跟跑、并跑、领跑"三跑并存"的阶段，也迎来了从量的积累向质的飞跃、从点的突破向系统能力提升的重要时期，逐步开始在重点领域打造先发优势，向引领型发展的新目标迈进。中国要抓住新一轮科技革命和产业变革的重大机遇，在"领跑"领域，要认准方向，勇闯"无人区"，发挥引领、带动产业变革的能力；在"并跑"领域，要把握时机，敢于"弯道超车"，构建技术和市场的优势；在"跟跑"领域，要实施差异化的追赶策略，发挥自身的技术优势，实现"换道超车"。打造先发优势，既要提升科技创新能力，也要有效支撑和引领供给侧结构性改革，推动产业迈向中高端。

当前，人工智能产业已然成为新一轮科技革命和产业变革的核心驱动力，世界主要发达国家相继将其作为提升国家竞争力、维护国家安全的重大战略。数字化、网络化、智能化的信息基础设施加速构建，以信息通信、生命、材料科学等交叉融合为特征的集成化创新、跨领域创新渐成主流，围绕"智能+"打造的产业新应用、新业态、新模式不断涌现，人工智能的"头雁效应"得以充分发挥，创新发源和创新策划能力在产业发展中的重要性日益彰显。"策源"一词为策划与发源之意。2018 年 11 月，习近平总书记在沪考察时提出"在增强创新策源能力上下功夫"的要求①。《新一代人工智能发展规划》也提出"到 2030 年，人工智能理论、技术与应用总体达到世界领先水平，成为世界主要人工智能创新中心"的目标。《中华人民共和国国民经济和社会发展第十四个五年规划和 2035 年远景目标纲要》提出"以国家战略性需求为导向推进创新体系优化组合，加快构建以国家实验室为引领的战略科技力量""培育壮大人工智能、大数据、区块链、云计算、网络安全等新兴数字产业，提升通信设备、核心电子元器件、关键软件等产业水平"。

我国人工智能产业虽发展迅速，但在原创算法、高端芯片、数据开放等方面与世界领先水平尚有差距，尤其在全球相互竞争与限制的背景下，

---

① 国家发展和改革委员会. 强化基础研究前瞻布局，夯实原始创新能力[EB/OL]. （2021-10-18）[2024-07-01]. https://www.ndrc.gov.cn/xxgk/jd/jd/202110/t20211018_1300689.html.

加快提升人工智能产业创新策源能力成为我国把科技自立自强作为国家发展的战略支撑及加快建设科技强国的重要途径。

首先，本书通过梳理国内外有关产业创新策源能力的研究动态，并结合我国人工智能产业的发展情况，将产业创新策源能力定义为一种聚焦全球科技前沿、领跑产业创新发展的核心竞争力，具体可表现为学术新思想和科学新发现的催生力、技术新发明的引领力、产业新方向的带动力等。具体到人工智能产业领域，本书认为，行为"主体"（包括政府、人工智能企业群、高校及科研院所等）、内外之"源"（基础研究、核心技术、应用场景等内部驱动要素简称内"源"，政策支持、制度伦理、市场需求、资本支撑、数据开放、人才保障等外部支撑条件简称外"源"）、活动之"策"（各类创新活动）共同构成人工智能产业创新策源能力的内涵及其不断形成与发展的"一体两翼"。其中，"策"与"源"是辩证统一、螺旋交互的关系：一方面，"源"积累到一定程度，由于资源集聚和溢出效应的存在，形成"策"的前提和条件；另一方面，"策"进展至特定阶段，可激发场效应，从而加快催生科技创新成果和系统赋能，激发"源"的加速累积。两者在行为"主体"的统筹推进下相互影响、交互作用，从而促使人工智能产业创新策源能力呈螺旋式持续提升。

其次，本书在客观评价人工智能产业分布结构、创新策源行为"主体"构成及主要平台资源的基础上，围绕基础研究影响力、核心技术引领力、应用场景拉动力、创新资源集聚力和创新创业环境支撑力五个方面，构建了一个包括三级评价指标的框架体系。通过比较主客观赋权评价法，选取层次分析法（analytic hierarchy process，AHP）-熵值法来确定我国人工智能产业创新策源能力评价指标体系中指标的权重，选取基于逼近理想解排序法（technique for order preference by similarity to an ideal solution，TOPSIS）的相对评价方法综合评价指标的相对贴近度，从而对人工智能产业创新策源能力展开评价，为后续研究明确评价指标体系和方法。在考虑数据搜集的技术问题和实证评价可操作性的基础上，根据已确定的评价指标体系和方法，一方面对我国人工智能产业发展现状和创新策源能力进行评价与分析；另一方面从各省区市的视角对我国区域人工智能产业创新策源能力进行比较。

再次，本书从我国典型城市对比和国际比较两个层面，对我国人工智能产业创新策源能力进行分析。一方面是我国典型城市人工智能产业创新策源能力比较分析，本书在收集并处理指标原始数据的基础上，采用 AHP-熵值法得出评价指标体系综合权重，进一步运用 TOPSIS 对典型城市人工智能产业创新策源能力作出比较分析，并结合人工智能产业创新策源能力的国际情况，找出其优势和瓶颈，为我国人工智能产业创新策源能力整体提升提供依据；另一方面是人工智能产业创新策源的国际比较分析，本书首先从基础研究、核心技术、政策支持和资源配置等方面分析国际人工智能产业创新策源现状；然后分析美国、德国、韩国人工智能产业发展的战略导向，并作出总体趋势判断；最后针对国际典型城市人工智能产业创新策源模式进行总结。通过比较和分析纽约、伦敦、东京等国际典型城市人工智能产业创新策源的现状（基础研究、核心技术、政策支持、资源配置等维度）、战略导向、模式，分别基于"策"和"源"视角，从国际竞争力提升、大科学计划与工程、产学研合作与协同创新、人才队伍、创新社会氛围营造等方面归纳、总结可供借鉴的一些国际先进做法和经验。

最后，综合上述研究结论，针对当前人工智能产业创新发展过程中面临的突出问题和实践需求，以及人工智能产业创新发展过程中遇到的瓶颈问题，提出其产业创新策源能力提升的总体思路、推进路径，围绕基础研究影响力、核心技术引领力、应用场景拉动力、创新资源集聚力、创新创业环境支撑力五个维度，分别从国家层面和区域层面提出近期可突破的相关配套政策建议，为加快我国人工智能产业从"跟跑""并跑"转向"领跑"提供理论依据和决策参考。

本书是国家社会科学基金后期资助项目"我国人工智能产业创新策源的机理及路径研究"（批准号：21FJYB046，项目负责人：胡斌）的研究成果。在本书研究及成稿过程中，上海工程技术大学管理学院的各位领导，以及宋燕飞、杨坤、高凯、高金敏、李永林、朱强、刘笑、赵程程、浦悦、吕建林等老师、学生均给予了大力支持和热情帮助，在此，向他们一并表达诚挚的谢意！

本书虽已按既定目标取得一定的探索性成果，但还有许多理论和实践问题需要深入研究。我们将以此为起点，不断探索和推进相关研究的进一步拓展及深化。本书在撰写过程中引用和参考了大量国内外文献资料，在此向相关作者致以诚挚的感谢。受作者水平和时间所限，书中疏漏和不足之处在所难免，敬请各位专家及读者批评指正。

作　者

2022 年 10 月于上海

目　　录

第1章 绪　　论

1.1　研究背景与意义

1.1.1　研究背景

改革开放以来，我国国民经济与各产业蓬勃发展。然而必须看到，我国经济发展的内外环境发生了深刻变化。从国际上看，随着经济高速发展和知识经济时代的到来，我国各产业的后发优势明显减弱；从国内来看，我国产业的发展重心正逐步由速度向质量转移。在这样的背景下，创新策源能力成为众多学者研究的焦点，优化创新策源能力以提升核心竞争力成为各区域推进产业高质量发展的重要手段（孟群舒，2018）。

在诸多重点产业领域，人工智能产业以其在速度、广度、深度等多方面的颠覆性潜能及对未来经济发展的巨大带动和支撑作用受到各个国家及地区的重视。增强创新策源能力，着力在关键核心技术攻坚、区域协同创新、科技创新成果转化等方面取得突破，将科技创新的影响力体现在产业发展上，服务全国改革发展大局。我国人工智能产业的发展虽然取得了较大的成果，但是仍面临着一些挑战和困难，在基础研究、专利所有权、人才队伍建设及科技巨头培育等方面与发达国家或地区存在差距。因此，在人工智能产业未来的发展中，增强创新策源能力是人工智能产业能级提升的必由之路。

《中华人民共和国国民经济和社会发展第十四个五年规划和 2035 年远景目标纲要》中提出"以国家战略性需求为导向推进创新体系优化组合，加快构建以国家实验室为引领的战略科技力量……培育壮大人工智能、大数据、区块链、云计算、网络安全等新兴数字产业，提升通信设备、核心电子元器件、关键软件等产业水平"。

本书选取人工智能产业为研究对象，探究人工智能产业创新策源能力的构成与形成机理；进一步依据各构成要素的动态关系构建人工智能产业创新策源能力评价模型，对我国及各省区市进行测评，根据评价结果分析人工智能产业发展存在的优势与差距，并为今后人工智能产业高质量发展提供合理的政策建议。

1.1.2 研究意义

人工智能产业在我国未来经济发展中占有重要的地位,其高质量发展对建设创新型国家具有重要影响(陈劲,2021)。因此,在我国实施创新驱动发展战略的背景下,研究人工智能产业的创新策源能力有着重要的理论和实践意义。此外,本书还涉及人工智能产业创新策源能力的提升路径,对推进产业高质量发展更具实际意义。

1. 理论意义

本书补充了人工智能产业领域目前尚显不足的人工智能产业区域性研究及关于人工智能产业创新策源能力的研究,从人工智能产业创新策源的能力结构及其与人工智能产业创新生态系统相互关系出发,构建了人工智能产业创新策源能力评价指标体系,通过对我国人工智能产业创新策源能力的评价,明晰人工智能产业创新策源能力的提升路径,为人工智能产业区域性研究及关于人工智能产业创新策源能力的研究提供了新的立足点。

2. 实践意义

人工智能产业创新策源能力的培育和提升仍处于探索期,本书通过剖析人工智能产业创新策源能力的形成机理、评价人工智能产业创新策源能力并明晰其提升路径,为实际操作提供一定的参考,推动人工智能产业高质量发展。

1.2 研究内容及研究框架

1.2.1 研究内容

本书的主要研究内容如下。

第1章为绪论。主要阐述本书的研究背景、理论与实践意义,以及研究内容与研究框架,对国内外相关研究进行归纳与述评,并概述本书特色。

第2章为人工智能产业创新策源的内涵与运行机理。主要对产业发展与源头创新、产业创新与产业创新策源等相关概念进行阐述,对人工智能产业创新策源进行内涵界定,并分析其运行机理,为后续研究提供有力的理论支撑。

第3章为人工智能产业创新策源能力评价模型构建。主要对人工智能产业创新策源能力评价指标体系进行设计,通过比较主客观赋权评价法,选取 AHP-熵值法来确定我国人工智能产业创新策源能力评价指标体系中指标的权重，选取 TOPSIS 综合评价指标的相对贴近度，从而对人工智能产业创新策源能力展开评价，为后续研究明确评价指标体系和方法。

第 4 章为我国人工智能产业发展现状及创新策源能力评价。首先，对我国人工智能产业发展现状进行分析；然后，根据第 3 章确定的评价指标体系和方法，对我国人工智能产业创新策源能力进行评价；最后，从各省区市视角对我国区域人工智能产业创新策源能力进行比较。

第 5 章为我国典型城市人工智能产业创新策源能力比较分析。在收集并处理指标原始数据的基础上，采用 AHP-熵值法得出评价指标体系综合权重，进一步运用 TOPSIS 对典型城市人工智能产业创新策源能力作出比较分析，并结合人工智能产业创新策源能力的国际情况，找出其优势和瓶颈，为我国人工智能产业创新策源能力整体提升提供依据。

第 6 章为人工智能产业创新策源的国际比较分析。分别从基础研究、核心技术、政策支持和资源配置等方面分析国际人工智能产业创新策源现状，分析全球重要国家人工智能产业发展的战略导向，并针对国际典型城市人工智能产业创新策源模式进行总结，分别从“策”和“源”视角对人工智能产业创新能力进行比较分析。

第 7 章为提升我国人工智能产业创新策源能力的优化路径。围绕基础研究影响力、核心技术引领力、应用场景拉动力、创新资源集聚力、创新创业环境支撑力五个方面，分别从国家层面和区域层面提出人工智能产业创新策源能力提升的优化路径及政策建议。

1.2.2　研究框架

本书的研究框架如图 1.1 所示。

1.3　相关理论及研究综述

1.3.1　相关理论

1. 产业创新生态系统理论

1）产业创新生态系统的内涵

产业创新生态系统是产业创新系统和生态系统的融合，兼有两者的内涵和基本属性（衣春波等，2021）。产业创新生态系统是产业创新策源能力的载体，对产业创新生态系统进行深入剖析具有重要意义。本书综合现

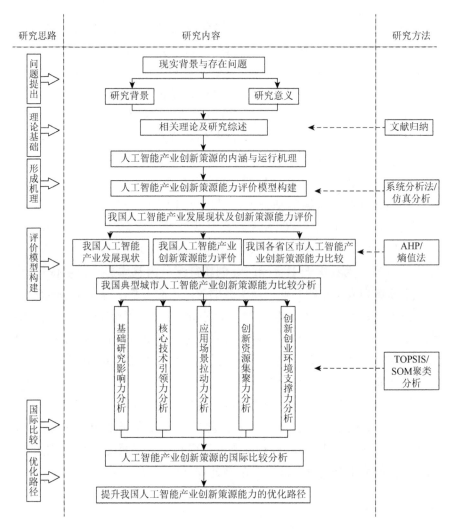

图 1.1 研究框架

SOM 指自组织映射（self organizing maps）

有理论成果及研究需要，将产业创新生态系统定义为一个有限区域内的某产业企业集群与创新环境和物质条件之间，通过信息传播、创新扩散及知识溢出形成竞合关系，形成可动态演化发展的开放式复杂系统（敦帅等，2021a）。产业创新生态系统注重产业情景，不同的产业在创新主体、组织结构和产业环境等方面具有不同的特征，使得不同的产业创新生态系统存在基础性差异，对于特定的产业创新生态系统，需要有区分地界定其内涵，保证系统的科学性与有效性。例如，人工智能产业创新生态系统是人工智能产业创新活动特征、人工智能产业企业群、创新平台、产业政策及创新环境相互融合，以基础研究、技术发明和产业创新作为创新驱动力，通过生产、分解和消费的深度交互形成一体化的具有可持续创新能力的创新系统（张金福和刘雪，2021）。具体来说，创新生产者、创新分解者、创新消费者和创新平台构成了人工智能产业创新生态系统的主体，创新资源、政策环境、伦理安全、创新文化等构成了人工智能产业创新生态系统的内外部创新生境，形成了人工智能产业创新生态系统的一般模型（王元萍，2020），如图 1.2 所示。

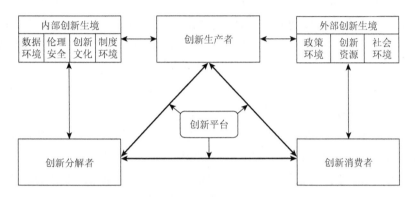

图 1.2　人工智能产业创新生态系统的一般模型

2）产业创新生态系统的特征

产业创新生态系统兼具创新系统和社会生态系统的基本内涵与属性，本书通过对所研究的人工智能产业创新活动特点及产业创新生态系统构成要素特征的论述，提出以下三个产业创新生态系统的主要特征。

（1）开放性。开放性是产业创新生态系统的主要特征之一，系统受到外部创新生境的影响而产生一定程度上的信息和物质交换，会拓展系统的边界使其远离平衡状态，促进系统与外部创新生境的协同演进。尤其是在产业创新专业化、系统化趋势逐步加快的背景下，学科交叉和创新资源渠道显著增加，进一步增强了产业创新生态系统的功能及主体间的相互联系。因此，产业创新生态系统是一个开放性的系统，各类创新要素的交换是形成系统可持续创新模式的动力和首要条件。

（2）自组织性。自组织性是产业创新生态系统可持续创新发展的前提和保障，当系统受到外部不利因素制约时，能够通过自我调整和快速响应来维持产业创新生态系统的效率和稳定性。其中，政府对创新主体、创新资源、产业项目一体化布局及其组织管理模式的制度创新作用不容忽视（彭隆美，2019）。因此，自组织性是产业创新生态系统抵抗和适应外界环境的根本。

（3）动力的内部自生性。产业创新发展起源于产业领域的基础研究及核心技术的突破和进步，创新成果与应用场景的融合又策动了科技创新，因此，产业创新生态系统的演化离不开各创新要素之间形成的内部动力，其决定了产业创新生态系统发展的方向和速度。

2. 创新理论

1）技术创新理论

技术创新理论是由经济学家熊彼特创立的。技术进步是产业发展和劳动生产率提升的重要动力。技术创新理论将技术进步视为产业和经济创新问题内生变量，这被人们广泛接受。根据熊彼特在《经济发展理论》中的观点，创新的本质就是建立一种新的生产函数，可归纳为五种情况：一是消费者尚未熟知、具有新特性或新产品的引入；二是新生产加工工艺和方法的应用；三是市场新领域及细分市场的开拓；四是新材料或半成品供给来源的变革；五是新企业组织或管理形式的创建。熊彼特认为，任何新的技术只有被引入经济活动，实现经济的增长和发展，才能成为创新（王海燕和郑秀梅，2017）。熊彼特的技术创新理论将科技成果产业化的过程定义为技术创新，并认为企业家是技术创新活动的主体，展现了技术创新与产业发展间的密切关系，为创新理论的不断深化奠定了基础。

随着经济不断发展，技术进步与经济增长间的关系更加密切，技术创新理论得以发展和深化。技术创新的内涵已从狭义上的产品创新和工艺创新逐渐扩展到广义上的实现科技成果商业化的全过程。Arrow 等（2004）结合学习曲线提出的干中学（learning by doing）模型，首次将技术内生化，并认为技术进步是积累性的动态过程。随着生产力水平进一步发展，技术创新的主体突破了传统理论的边界，政府、高校和科研院所等都成为技术创新主体的重要组成部分，不同领域的学者基于自身科研和时代背景对技术创新过程进行了研究，推动了技术创新过程模型的演变（李文博，2008），如图 1.3 所示。

图 1.3　技术创新过程模型演变过程

另外，技术创新战略必须与企业战略实现集成，这是技术创新成为提升核心竞争力的有力工具的重要前提。技术创新与企业发展紧密结合，对企业形成竞争优势具有积极的意义。不同的企业战略对应的技术创新战略侧重点存在差异，本书对三种技术创新战略进行了比较，见表1.1。

表 1.1　技术创新战略比较

项目	自主创新	模仿创新	合作创新
侧重点	新产品和新技术的率先导入； 维持现有偏好； 构建技术壁垒	差异化产品的导入； 维持现有地位； 探寻潜在机会	技术创新的基础与互补； 维持信任关系； 增强互动整合
缺陷	企业创新实力门槛较高； 成本高昂	易陷入技术追赶的恶性循环	存在技术创新网络内部冲突和博弈
优势	有利于建立主导性的市场地位	减少创新成本； 形成后发优势	降低交易成本； 存在能力"异质性"； 共担风险

2）区域创新理论

由于区域在创新链中扮演着越来越重要的角色，近年来，学者对区域创新理论的研究较多，研究的主要视角集中在区域创新系统、区域创新能力和区域创新环境等。薛澜和赵静（2019）、李旭辉等（2020b）都在研究人工智能产业发展时提到了区域创新理论。李旭辉等（2020b）从区域创新理论视角详细论述了人工智能产业的一体化发展趋势。具体来讲，区域创新系统由某地区的企业、高校、科研院所和地方政府组成，是推动区域内的创新要素集聚、整合及交互的载体。企业与处于同一区域的高校、科研院所、政府及金融机构等通过创新活动不断学习与改革，产生交互作用，使创新活动突破企业自身的边界，形成包含技术创新、知识创新和制度创新等多种功能的区域创新系统，并通过自我调节形成动态的区域创新环境（杨俊宴和朱骁，2021）。因此，区域创新环境的多样性会进一步导致区域创新系统及其创新绩效的差异性，并通过创新扩散对地区经济和产业发展产生影响。区域创新系统的发展演化依赖创新扩散，其机制如下：一旦系统内出现新知识，各创新主体间便会通过外部知识交流使得新知识在系统内流动，并使其在流动过程中增值，提升区域创新系统的创新能力，促进新技术和产业增长点的涌现，带动区域内经济与产业可持续发展。

3）产业创新理论

产业创新理论源于熊彼特对产业革命的研究。熊彼特认为企业持续的技术创新会通过创新扩散对整个产业产生影响，并导致连续产业革命，促进产业发展。弗里曼在此基础上进一步提出产业创新是国家创新核心的观点，并将产业创新分解为技术创新、产品创新、组织创新、流程创新和营销创新五个方面,奠定了产业创新理论的基石(陈劲和阳银娟,2012)。美国战略管理学家波特将产业基础纳入创新系统,从国家竞争优势视角对产业创新进行了剖析,认为生产要素、需求条件、辅助行业及企业战略是决定一个国家某种产业竞争力的主要因素,并与政府和机遇两大影响因素构成"钻石模型"(陈奕延等,2020)。由于创新不是孤立的企业行为,产业边界不断拓展,产业创新的研究逐渐由单维的、静态的技术创新转向多维的、动态的产业及多主体交互创新系统。因此,波特认为优势产业的建立和创新是形成国家竞争优势的关键,而产业发展的实质是产业交替和产业创新的过程,产业创新是产业发展的主要方面。产业创新并不是单维的技术、工艺和产品的创新,而是系统性的创新,在产业创新体系的建设中探寻产业增长点,推动产业的高质量发展。

3. 创新治理理论

1) 产业创新策源能力建设中的创新治理分析

产业创新策源能力建设过程中必须对其进行有效的管理,而创新是产业创新生态系统各运行环节的核心活动。为了提升产业创新策源能力,提高产业发展水平及效率,必须对产业创新生态系统中的产业链、创新链进行治理,形成支撑产业创新策源能力提升的治理体系(卢超和李文丽,2022)。产业创新策源涉及产业领域内基础前沿、核心技术、应用场景及创新环境之间的非线性作用,创新链必须围绕产业链部署,形成多元参与的管理体制。因此,创新治理为夯实产业创新策源能力基础和强化产业创新策源能力体系建设提供了重要的切入点。

那么什么是创新治理呢?创新治理是对科技创新领域的创新体系所进行的有目标、有导向的管理活动,具有多主体参与、互动性和多层次的特征,旨在提高产业、社会等方面的发展协调与创新效率(江必新和李沫,2014)。创新治理有利于促进创新主体多元协同、优化创新资源配置及政策创新,起到了产业创新策源过程中条件建设与能力体系建设的关键支撑作用,对创新链和产业链深度融合具有重大意义。因此,创新治理就是以有效提升创新效率及降低创新成本为目的,以创新链及产业链为对象,通过体制机制和政策创新支撑产业创新策源能力提升,最终将创新有效地转化为产业创新及发展绩效的过程(温雅婷等,2021)。

2) 创新治理对人工智能产业创新策源的作用

创新治理对人工智能产业创新策源会产生显著的作用,这种作用又可以划分为多个层次:一是对人工智能产业创新生态系统核心主体和创新要素的影响；二是对源头创新培育的影响；三是对人工智能产业创新策源能力提升及产业发展的影响（曹萍等，2022）。

首先，创新治理对人工智能产业创新生态系统中各类核心主体和要素充分发挥自身功能具有重要的促进作用。通过创新治理，创新主体可以根据市场需求动员调配多元创新主体，发挥高校、科研院所在产业领域重大原始创新的基础力量，形成以"主体-需求-要素-机制"为核心的一体化创新体系，有效引导创新要素的内部流动和提高配置效率（张振刚和林丹，2021）。

然后，创新治理有助于人工智能产业领域源头创新的培育和发展。源头创新涉及基础研究、原始创新，对后续的创新应用及策动产业发展具有先导性作用，是产业创新策源能力体系的核心之一。创新治理有助于避免人为割裂产业创新生态系统的整体性和系统性，有利于促进基础研究的知识生产活动和建立鼓励探索的机制，将产业上游的基础研究知识转化为应用和源头供给。

最后，创新治理有利于支撑人工智能产业创新策源能力提升和产业发展。创新治理强化了能力建设与条件建设之间的相互策动，推动了科技创新能力与产业创新能力的深度融合，使得产业创新生态系统表现出的产业创新策源能力整体增进，最终推进产业实现高质量发展。

1.3.2　相关研究

1. 人工智能产业研究现状

目前有关人工智能产业的研究已经形成了一定的成果，为以后的研究提供了大量的素材。国内外学者对人工智能产业的研究多集中于产业协同创新、产业发展政策、产业发展关键问题及产业评价等。本书从产业协同创新、产业发展政策、产业发展关键问题及产业评价四个方面对国内外的人工智能产业研究成果进行综述。

1）产业协同创新相关研究

Li 等（2021）指出，商业模式中人工智能的创新发展引发了商业智能的出现和使用，同时信息技术的变革使商业决策和运营得以优化。Wan 和 Shen（2021）从制造业角度切入，既指出了先进人工智能技术在协同制造中的应用，也探讨了协同制造中与人工智能相关的挑战和解决方案。Ruiz-Real 等（2020）认为人工智能在农业中的应用使该行业向前迈出一大步。Mikhaylov 等（2018）以跨部门合作为切入点，以英国、中国和美国为主要研究对象，研究了人工智能企业群与高校、公众、公共服务部门及企业之间的跨部门战略合作方法及成功要素。Fang 等（2018）研究了人工智能产业协同创新网络的演化模型并进行了仿真研究, 发现资源异质性对人工智能产业协同创新具有显著的促进作用。Xiao 和 Liu (2019)、薛澜等 (2019)、张茂聪和张圳 (2018)、冯永等 (2021) 都对人工智能产业产学研合作和知识流动进行了研究, 但研究的侧重点有所不同: 薛澜等 (2019) 侧重研究产学研协同创新与知识流动的内在联系, 以人工智能产业为入手点, 分类别、分阶段地讨论了知识流动与资源异质性对产学研协同创新的动态交互效应; 张茂聪和张圳 (2018)、冯永等 (2021) 侧重教育培养方面, 张茂聪和张圳 (2018) 从中美两国人工智能人才的比较研究出发, 认为中国应打造"人工智能+X"的格局, 推进以产学研合作的模式培养人工智能高质量人才, 冯永等 (2021) 则提出了数智融合、协同创新的产学研用多方位培养机制。鲁钰雯和翟国方 (2021)、杨天人等 (2021)、杨俊宴和朱骁 (2021) 都研究了人工智能与城市规划和设计的协同创新发展: 鲁钰雯和翟国方 (2021) 侧重研究在城市灾害风险管理中的人工智能技术应用, 将人工智能引入城市防范灾害工程中, 协同创新以构建基于人工智能技术的灾害风险管理信息平台; 杨天人等 (2021) 从城市系统模型与人工智能技术比较研究入手, 利用两者的优势互补性深入探讨了其在辨析城市问题并优化问题决策方面的应用潜力; 杨俊宴和朱骁 (2021) 则侧重研究城市设计技术方法, 从对国内外人工智能与城市设计技术协同发展的模式展开, 运用进化算法、适应性算法等人工智能方法, 提出了人工智能与设计师交互式的城市设计模式, 对未来数字化城市建设有着重要的参考意义。胡铭和宋灵珊 (2021) 认为应将现代科技作为人类经验司法的补充和理性司法的强化, 从而进一步探索人工与智能协同合作的裁判模式。

2) 产业发展政策相关研究

Stix (2021) 立足于基于伦理的人工智能政府政策发展研究, 提出了一个新的框架来推动政府决策的发展: ①初步的景观评估; ②跨部门反馈和多利益攸关方参与; ③支持可操作性和实施的机制。Tanveer 等 (2020) 立足于教育领域, 利用数据提高发展中国家的教育资本和质量。Madhavan 等 (2020) 围绕人工智能的一系列问题, 论述了美国政府制定的诸多国家人工智能战略, 如 2019 年 2 月签署的第 13859 号行政命令、与他国一同签订的第一套关于人工智能的政府间原则等。Vesnic-Alujevic 等 (2020) 概述了欧洲人工智能政策框架, 通过分析由欧洲国家政府、欧洲机构和介于研究和决策之间的其他组织编制的政策文件, 评估了欧洲的政策愿景及其在实践中的运用。Losh (2019) 对加拿大数字和数据转换以及全国人工智能治理措施咨询的两项政策进行了研究, 提出了提高加拿大公共服务部门开展人工智能活动政策创新的相应对策。吕文晶等（2019）、宋伟等（2020）通过政策文本量化分析，分析了人工智能产业发展政策。宋伟等（2020）侧重省级政府人工智能产业发展策略；吕文晶等（2019）则基于政策工具视角从国家层面对人工智能产业发展政策进行描述，结合内容分析指出中国人工智能产业发展政策制定中存在的问题，并提出了调整策略。汤志伟等（2019）从目标、工具和执行三个维度选取 17 个政策变量，运用二元逻辑斯谛回归（logistical regression）法综合比较中美人工智能产业政策差异。卫平和范佳琪（2020）分析了中国人工智能产业战略性系统布局和科技巨头产业布局政策与美国的差距，提出了相应的对策建议。董天宇和孟令星（2022）以中国、美国、德国、英国和印度等主要人工智能国家为研究对象，提出在双循环背景下提高中国人工智能产业国际竞争力的依据与政策建议。臧维等（2021）将中国公布的 30 份人工智能政策文本作为样本，量化分析中国当前人工智能政策文本，为后续相关政策的制定和修改提出重要的建议。关皓元和高杰（2021）将 2013～2020 年分为三个阶段，比较研究了中欧人工智能的政策环境和发展战略，同时结合中国的现实情况，为未来人工智能的良好发展提出了有效的政策建议。袁野等（2021）从创新性人才入手，针对中国智能产业人才政策进行分析和评估，为中国人工智能产业人才发展提出了相应的建议。陈磊等（2021）从人工智能伦理准则的角度分析导致人工智能伦理问题的主要原因，进而在法律法规、政策建议、标准体系等方面提出了具体的措施建议。吕荣杰等（2021）运用面板向量自回归（panel vector autoregression，PVAR）模型对人力资本、产业升级和人工智能三者间的区域差异及动态关系进行探讨，分别针对中国东部、中部、西部地区实际情况，提出了因地制宜的政策建议。

　　3）产业发展关键问题相关研究

　　Tung 等（2020）从整体技术角度入手，建立了国家-技术双模网络，并探讨了各国在技术重点方面的差异，分析确定了几个国家在人工智能技术发展上的相对地位，提供了一个更明晰的框架来提高技术创新水平和能力。Scherer（2016）从风险、挑战、能力和策略角度对推动人工智能产业发展的政府监管机制和法律制度进行了研究，认为构建可行的监管路径对国家、地区的人工智能产业长远发展有重大影响，在人工智能产业发展中保持主动性与预见性才能保持世界领先地位。Yang 和 Luo（2020）从国际专利申报率、竞争地位和专利强度三个维度研究分析了人工智能产业发展过程中的专利风险问题，指出美国的高强度专利对中国人工智能产业后续发展造成了巨大威胁，并且认为高强度专利和海外专利布局是国家和地区人工智能产业高质量发展的关键问题。杜爽和刘刚（2020）认为，智能产业的发展越来越依赖对算法和关键核心技术的突破。李括（2020）通过对美国的人工智能策略进行研究分析，指出其在人工智能核心技术方面的优势主要体现在企业的专利申请量年增长率维持在高位、专利申请总量大且由大型跨国公司主导两个方面。张正清（2019）指出，人工智能领域的内外差异性与发展错位使产业界与学术界在一些核心议题上存在争论，提出了以共识性、接受性为核心的整合框架，以消除伦理规范与技术现实之间的分歧。王雅薇等（2019）基于技术轨迹理论和专利分析方法，对中国人工智能产业技术的创新路径进行识别和比较研究，指出中国人工智能产业处于由基础性研究向应用性模式转变的阶段，加强自主技术创新是发展的关键。张威和蔡齐祥（2018）对人工智能产业结构及发展管理的若干问题进行了研究，认为人工智能商业化是一个受多方面制约的长期过程，并提出了调整和优化中国人工智能产业发展模式的几点建议。

4）产业评价相关研究

Fujii 和 Managi（2018）首次应用分解框架阐明了人工智能中技术发明的决定性地位。刘艳秋等（2021）利用 Gephi 软件的可视化功能和社会网络分析方法，对中国、韩国、日本、美国及欧洲等主要国家和地区的人工智能专利数据进行比较分析，探究了全球人工智能的发展现状。顾国达和马文景（2021）构建了反映动态发展水平的人工智能评价指标体系，指标包括知识创造力、环境支撑力、产业竞争力，为社会各界学者对人工智能发展问题的研究提供了一个高效直观的量化分析工具。李舒沁等（2020）从制造业智能化改造角度切入，在 11 个指标中选取了 3 个主成分建立三维综合动态评价指标体系对工业机器人发展水平进行综合评价。禹春霞等（2020）基于熵权-TOPSIS 提出了针对人工智能行业上市公司的投资价值动态评价办法。李旭辉等（2020a）综合运用了客观赋权（criteria importance though intercrieria correlation，CRITIC）法、核（kernel）密度估计、探索性空间数据分析和 Dagum 基尼系数及其分解法，考察了长江经济带沿线 11 个省区市人工智能产业发展情况，并以此为基础衡量了其空间非均衡程度。宋晓彤等（2019）从创新价值链的角度切入，基于人工智能创新活动的特征，添加了更多的基础研究产出因素，以客观反映区域人工智能产业发展潜力及其创新价值实现。于长钺等（2018）则从技术创新性、高新技术特性和渗透性角度来判断区域新一代信息技术产业的发展能力，认为核心技术是产业核心竞争力的重要体现。

2. 创新策源能力研究现状

目前，随着我国产业的升级和创新驱动发展战略的不断深化，与创新策源能力相关的文献逐渐增多。本书从创新策源能力的内涵、影响因素及评价三个角度对国内外学者的研究成果进行综述。

1) 创新策源能力的内涵相关研究

卢超和李文丽（2022）对创新策源能力的内涵进行了研究，认为创新策源能力可以分为学术新思想、科学新发现、技术新发明及产业新方向四个方面，并对其"表型"特征的构成作出了以下三点解释：一是在科学领域不断涌现具有重大影响力的学术成果和专家学者；二是在技术领域持续出现具有全球竞争力的优秀企业；三是在产业领域创新企业家和创新资本持续积聚，培育出具有全球影响力的标杆企业。周汉民（2019）对科技创新策源能力的内涵进行了界定，认为知识集聚、技术创新及产业发展枢纽作为科技创新策源能力的主要内容，是中心城市发展和崛起的关键，强调了创新策源能力在新一轮产业革命中的关键作用。上海社会科学院课题组和屠启宇（2016）从创新型全球城市建设角度对创新策源能力进行了界定，认为创新策源能力是一种对创新的响应能力，可以分为创新集聚能力、创新筛选能力及创新释放能力三项子能力，它不是单一的纯创新能力，体现了文明性创新和应用性创新的双重属性。创新策源能力还具有其内在特征。敦师等（2021b）认为，基于实践措施和创新视角，创新策源能力有具体表征和一般特征两个特征属性，具体表征包括学术新思想、科学新发现、技术新发明和产业新方向，一般特征包括复杂性、阶段性、引领性和辐射性。

2) 创新策源能力的影响因素相关研究

Dosi 和 Grazzi（2006）对"欧洲悖论"进行了研究，并从科学、技术及产业开发应用之间的关系出发，选取了前沿基础研究投入、高等教育系统差异、研发投入情况和产业政策等多个影响因素，对欧洲的创新策源体系相关能力进行了测度，认为前沿基础研究投入和产业政策是影响产业创新策源能力的主要因素。Moaniba 等（2019）研究了国际合作和技术多样性对国家创新强度的影响及共同演进过程，认为多元化合作对创新有着积极的作用，是国家创新强度的重要影响因素。余江等（2019）通过分析美国新一代集成电路光刻系统的重大原始创新项目的战略定位、顶层设计和组织模式，认为基础研究、核心技术、人才供给、战略政策和协同创新是打造原始创新策源地的重要支撑条件，并强调了大科学计划与工程在创新策源中的作用。任声策（2020）也对创新策源能力的诸多影响因素进行了归纳,从提出创新问题和解决创新问题的能力角度来分析这些影响因素,认为创新可以分为原始创新、应用创新、商业化和创新扩散四个主要环节,不同环节对应的源头要素存在差异,并强调了创新链各要素的相互联系。胡斌等(2020)从人工智能产业的基础层、技术层和应用层三个方面出发,将人工智能企业创新策源能力影响因素分为创新意识、企业规模、知识存量和政府支持,并着重探究这四个因素对人工智能企业创新策源能力的影响机理。

3)创新策源能力的评价研究

朱梦菲等(2020)通过对创新策源能力的内容和政策解读,将创新策源能力分解为学术新思想、科学新发现、技术新发明和产业新方向四个子能力,并从创新基础、创新投入和创新产出三个方面构建了三维评价模型,如图1.4所示。朱梦菲等(2020)综合采用AHP和TOPSIS,并运用SOM聚类方法对评价结果进行聚类分组,对我国31个省区市的区域创新策源能力进行评价。研究得出以下结论:第一类是创新策源能力优秀的地区,包括北京、上海、江苏等;第二类是创新策源能力良好的地区,以浙江、山东和湖北等为代表;第三和第四类是创新策源能力比较弱的地区,以农业省和一些偏远省份为主。衣春波等(2021)认为技术创新策源能力与专利质量之间具有很强的关联性,专利体现出的经济价值、战略价值等可以反映技术创新对经济产业的策源效应,能够很好地反映技术创新策源能力,因此可以通过建立专利质量评价指标体系对技术创新策源能力进行评价。

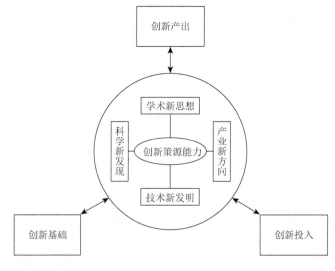

图1.4　创新策源能力评价模型

敦帅等（2021b）解析创新策源能力的框架、内涵与特征，构建了创新策源能力评价指标体系，并对全球典型科创中心城市创新策源能力进行了比较分析，排名从高到低依次为纽约、东京、北京、伦敦、上海、首尔；通过测算样本城市创新策源能力研究发现，各城市创新策源能力存在巨大差异，且各城市在学术新思想、科学新发现、技术新发明和产业新方向四个方面存在严重的不均衡，但在不同方面各有优势。庄珺（2020）则认为可以围绕六个"力"对创新策源能力进行评价，即在全球知识创造中的贡献力、全球创新资源的集聚力、科技成果的国际影响力、新兴产业的发展引领力、创新创业环境的吸引力和科技创新的辐射带动力。

3. 人工智能产业创新策源改善策略研究现状

国内外学者一直热衷于对人工智能产业创新策源改善策略的研究，对人工智能产业各环节创新所存在的障碍或瓶颈进行考察，并基于问题的分析提出对策建议。Tang 等（2018）对人工智能产业人才激励机制的障碍因素进行了深入研究，认为长期利益错位、激励模式单一和知识产权保护力度不足是遏制人工智能产业人才创新活力和动力的主要因素，并从行政管理体制改革、激励模式创新和创新文化建设等多个方面对人工智能产业创新策源策略进行了有益探索。王超超（2019）对两江新区建设人工智能产业创新策源地的路径进行了分析，并将障碍因素分为两类，即区域内创新资源争夺和产业集群集聚困难；进一步地，为清除人工智能产业创新策源的障碍，应当进一步完善创新链、推动核心技术攻关和构建全域产业创新生态，以加强人工智能产业创新策源能力。何玉长和方坤（2018）从实体经济应用场景策动人工智能产业创新发展角度分析了人工智能产业创新与实体经济深度融合的运行机制，认为增强应用场景拉动力是带动智能经济发展的必要手段，为提升人工智能产业创新策源能力提供了有益的参考和借鉴。耿成轩等（2019）基于系统动力学视角构建了人工智能产业创新能力与融资环境仿真系统，采用耦合协调度模型分析了各耦合演进阶段，并探索了不同创新情景下人工智能产业创新与融资环境的互动关系及优化策略。衣春波等（2021）构建人工智能产业创新策源能力评价指标体系，对上海、纽约、东京和伦敦进行评价并得出结论，上海人工智能产业创新策源能力排名第三；从发明人投入数量上看，上海在四个城市中并无明显优势；从关键发明人数量上看，上海的高质量创新人才优势不足，加大高精尖人才投入是当务之急；从核心代理人数量上看，上海的排名虽然仅次于东京，但与之差距很大，知识产权全链条人才投入明显不足。

1.3.3　国内外研究述评

本书通过归纳国内外人工智能产业创新策源能力相关研究成果,较全面地认识到已有研究在人工智能产业、创新策源能力及人工智能产业创新策源政策等方面的研究现状及趋势。这些方面的研究彼此促进,有机地构成了人工智能产业创新策源研究的理论框架。但是,国内外关于创新策源能力的研究主要针对某个国家或区域,对产业如何提升创新策源能力的研究较少。人工智能产业作为未来经济新的增长点,在经济需要战略转型的关键时期,提升人工智能产业创新策源能力成为学术界的新课题。

目前,对人工智能产业创新策源能力的研究尚存在诸多问题。第一,"创新策源能力"这一概念是由我国提出的,关于人工智能产业创新策源能力的国外研究较少,学术界对创新策源能力的定义尚不统一,并且学者多基于具体案例来探讨人工智能产业创新策源能力的提升问题,系统性分析的研究不足。第二,对人工智能产业创新策源能力的研究是一个新课题,产业内部高度依赖创新驱动发展是人工智能产业特殊性的重要体现,同时是其提升自身创新策源能力必要性的根本原因。目前对人工智能产业创新能力的研究没有将策源的内涵充分体现在研究过程中。鉴于此,本书试图通过对人工智能产业创新策源能力内涵和结构的解读,分析其形成机理,并结合 AHP、熵值法和 TOPSIS 等建立人工智能产业创新策源能力评价模型,以实证分析的方式,从基础研究、核心技术、应用场景、创新资源和创新创业环境五个层面对其创新策源能力进行评价,并结合国际先进经验,为我国人工智能产业创新策源能力的提升提供更全面客观的对策。

1.4　本 书 特 色

1. 聚焦创新策源,剖析我国人工智能产业的突围之路

目前我国学者对区域人工智能产业创新驱动发展的研究主要集中在技术创新能力、协同创新能力等方面,从创新策源能力视角对区域层次的产业创新研究甚少。本书尝试聚焦创新策源来系统化地剖析人工智能产业创新策源能力的内涵、构成及形成机理,体现了一种比较新的研究视角,也可为国家和区域人工智能产业政策的制定及相关管理决策提供新的参考。

2. 立体化考量，多维评估我国人工智能产业的创新策源现状

一方面，"绝对-相对"相结合：TOPSIS 通过构造正、负理想解，能较好地反映各评价对象实际水平的相对值；熵值法是运用多元统计分析的一种客观分析方法，无法体现不同属性指标间对决策者的实际重要程度，避免了主观随意性导致的偏差；本书采用 AHP-熵值法和 TOPSIS，构建了人工智能产业创新策源能力评价模型，对人工智能产业创新策源能力定量评价作出了有益探索。另一方面，"点-线-面"相结合：基于对我国人工智能产业发展现状的总体梳理（面状），构建区域创新策源能力的评价模型（点状），并且通过典型区域间的横向对比（线状）来进行结构分析，以增强评价结果的系统性和可参考性。

3. 综合"策"、"源"与主体"五力"，系统求解我国人工智能产业创新策源能力的提升对策

行为"主体"、内外之"源"、活动之"策"共同构成人工智能产业创新策源能力的内涵及其不断形成与发展的"一体两翼"："源"积累到一定程度，形成"策"的前提和条件；"策"进展至特定阶段，可激发场效应，激发"源"的加速累积；两者在行为"主体"的统筹推进下相互影响、交互作用，促使人工智能产业创新策源能力呈螺旋式持续提升。基于此，本书围绕"五力"进行系统的定量评价，围绕"策""源"进行国内外对标分析，从而给出我国人工智能产业创新策源能力的优化路径建议，兼顾实施方案研究的系统性、科学性、可行性与创新性。

第2章 人工智能产业创新策源的内涵与运行机理

2.1 相关概念分析

2.1.1 产业发展与源头创新

1. 产业发展的内涵

考察人工智能产业发展的自身特点及产业对创新的响应，可以发现，产业发展既涉及产业活动本身，又与源头创新密不可分。在对产业创新策源能力的内涵进行分析之前，首先要对产业发展及源头创新的含义进行界定。产业发展是指某种特定产业的产生、成长和进化的过程，其发展过程包括产业中企业数量、产业结构和主导地位等多方面的变化，而产业结构优化是产业发展的核心和方向。产业发展遵循收益最大化的一般经济规律，产业对利益的追逐会驱动产业打破壁垒，促进产业的变革和进化，其受到市场、环境及科学技术等多方面的影响，影响因素可归结为需求、供需关系和创新三种，而创新是促进产业变革和收益最大化的主要手段（朱玲玲等，2021）。因此，产业发展的一个重要特点是创新驱动性，产业主体对系统功能、系统结构及组织方式等多方面的创新活动是产业发展的主要内容，产业通过创新和成果转化催生新的产业增长点或者拓展产业边界而得到发展，其竞争力持续上升（杜传忠等，2018）。当某一创新对产业发展的驱动力减弱时，产业和政府需要及时调整产业发展战略，通过探寻新的创新驱动要素，使产业进入新的创新驱动阶段，如图2.1所示。

2. 源头创新的内涵

源头创新的概念是由美国经济学家希普尔在《创新的源头》这一著作中提及的。根据希普尔的观点，源头创新是指新的科学思想、技术发明、产品或业态由首要发现者向外传播，最终引发以之为基础的理论、应用和商业化的创新行为。在希普尔看来，源头创新是创造竞争优势和商业价值的重要经济现象，源头创新不仅体现在基础研究领域，而且体现在

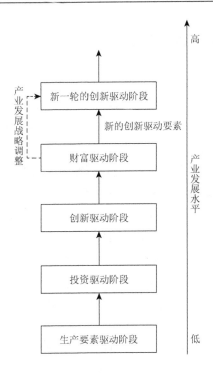

图 2.1　产业发展过程分析

产业化过程中和应用研究领域，甚至反映在产业革命方面，总之，源头创新是一个广义的以产业化为目标、以提升产业核心竞争力为最终目的的综合性概念（李福映和郑清菁，2019）。希普尔对源头的定义为众多学者对源头创新乃至创新策源的研究奠定了基础。

源头创新的概念有狭义和广义两种。狭义的源头创新是指以科研院所和高校为主体的基础研究领域的知识创新活动。广义的源头创新则包含更多的经济学意义，其超出了知识创新的范围，既涉及基础研究本身，也包括后续的应用研究和产业化过程，并以发展产业经济和提高竞争能力为目的，对随后的科学研究乃至产业发展具有巨大的先导性作用。国内对源头创新的研究集中于基础研究方面。国外对源头创新的研究集中于产业发展方面，重视源头创新的系统性及其商业价值和竞争优势创造。

结合当前人工智能产业发展情况，本书认为源头创新的内涵是围绕产业发展，涵盖基础研究、应用研究和产业化开发等多种创新活动，通过促进源头创新成果向产业的转移及知识生产和应用的互动，推动产业创新驱动发展和核心竞争力提升。

2.1.2   产业创新与产业创新策源

1. 产业创新

国内外学术界对产业创新的内涵和提升路径进行了广泛的研究，但并未形成公认的定义。通常认为，产业创新是指在特定的产业领域，通过各类创新主体间的协同创新活动或者技术创新，将知识创新的成果转化为产业可持续发展和产业竞争力提升（曹清峰等，2021）。产业创新具有很强的系统性特点，不仅包含技术创新的内容，而且突出了创新成果转化的作用，而转化过程需要组织机构创新、制度创新和市场创新等各类创新活动的辅助。作为驱动产业发展的重要源泉，产业创新并非各类创新活动的简单复合，深入认识其内涵需要掌握以下关键点。

（1）产业创新研究的目的是通过提升相关能力，增强产业的核心竞争力，带动产业创新发展和能级跃迁。产业创新能力的提升必须将产业发展作为准则和目标。

（2）产业创新具有系统性和异质性特征。产业创新能力是多项子能力的组合，不同的子能力对应不同的载体，通过非线性的相互作用形成复杂的产业创新生态系统，且不同产业的创新活动具有不同的特征，造成产业创新的结构性差异。

2. 产业创新策源

创新策源的概念由希普尔提出，他认为创新策源是指新的思想、技术、业态或产品由首次提出者的传播行为而推进到理论、实验、应用和产业化新阶段，并最终形成广泛的流行趋势的一种重要的经济现象（李万，2020）。具体地分析，产业创新策源是一个广义的概念，其不仅体现在基础研究和科技发明方面，而且体现在科技创新与产业创新转化和互动过程。结合国内外相关研究，产业创新策源能力的内涵可以归纳为在产业领域的科学、技术、产业发展等方面取得引领性、原创性的突破，并通过创新扩散带动全球范围内的继进性创新，进一步推动产业全面高质量发展的综合性能力。产业创新策源有别于产业创新，产业创新策源既注重产业创新，也重视科技创新对产业创新链前端的拉动。为深入理解产业创新策源的内涵，需要把握产业创新策源能力的关键特征。

（1）开创性。本书所研究的人工智能产业创新策源的首要特征就是开创性，如果创新不具备开创性，那么产业将长期处于追赶的位置，并陷入持续追赶的恶性循环。产业创新策源能力的开创性要求产业能够创造开拓领域未曾出现的新方法和新路径，使得产业在区域乃至国际竞争中处于有利的领先地位。因此，开创性是产业创新策源能力形成与发展的首要特征和必要前提。

（2）前瞻性。产业创新策源能力提升的目的在于推动该产业全面发展。为维持产业长期发展，产业创新策源能力应当具备对未来需求的快速响应性，及时布局产业前端的基础性研究，并进一步带动产业领域的创新涌现，引领未来的产业理论、技术和应用等多方面的趋势。

（3）辐射引领性。产业创新策源对产业发展具有巨大的辐射引领作用。从宏观上看，产业创新策源能力的提升能够对产业经济、跨领域融合创新等方面产生广泛影响，从而引发区域乃至国际衍生性创新的不断涌现。从微观上看，产业创新驱动发展逐渐进入"无人区"，全球化竞争的加剧要求产业能够引领前沿突破，有力地支撑产业发展，创造产业竞争优势和占据产业引领地位。

2.2　内　涵　界　定

通过梳理和总结国内外学者关于产业创新策源能力的研究，结合我国人工智能产业发展情况，本书将产业创新策源定义为一种聚焦全球科技前沿、领跑产业创新发展的核心竞争力，具体可表现为学术新思想和科学新发现的催生力、技术新发明的引领力、产业新方向的带动力等。

综合相关研究，具体到人工智能产业领域，本书认为，行为"主体"、内外之"源"、活动之"策"共同构成人工智能产业创新策源能力的内涵及其不断形成与发展的"一体两翼"，如图 2.2 所示。

其中，"策"与"源"是辩证统一、螺旋交互的关系：一方面，"源"积累到一定程度，由于资源集聚和溢出效应的存在，形成"策"的前提和条件；另一方面，"策"进展至特定阶段，可激发场效应，从而加快催生科技创新成果和系统赋能，激发"源"的加速累积。两者在行为"主体"的统筹推进下相互影响、交互作用，从而促使人工智能产业创新策源能力呈螺旋式持续提升。

2.2.1　行为"主体"

人工智能产业创新策源的行为"主体"主要包括政府、人工智能企业群、高校及科研院所等。它们基于一系列动力机制和运行机制，

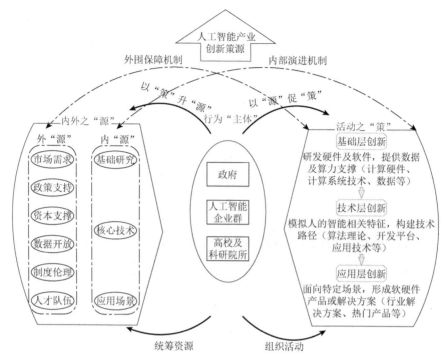

图 2.2 人工智能产业创新策源的"一体两翼"模型

通过统筹内外条件之"源"，调动创新活动之"策"，以"源"促"策"，以"策"升"源"，不断带动人工智能领域学术新思想、科学新发现、技术新发明、产业新方向的"从无到有"，实现人工智能产业创新策源能力的不断提升。

2.2.2 内外之"源"

"源"主要指内部要素及外部条件。通过合理的政策设计与制度安排，按照一定逻辑，合理调配基础研究、核心技术、应用场景等内部驱动要素（简称内"源"），以及市场需求、政策支持、资本支撑、数据开放、制度伦理、人才队伍等外部支撑条件（简称外"源"），从而构建人工智能产业创新的基础条件和框架体系。其中，内"源"为根本，促使人工智能产业创新策源能力的内部演进；外"源"为支撑，构成人工智能产业创新策源能力的外围保障。

1. 内"源"分析

（1）基础研究——催生学术新思想、科学新发现。一是新交叉学科。人工智能的专业属性相对模糊，普遍具有交叉学科的性质。这主要是因为人工智能的概念非常庞大而且异常复杂。新交叉学科将进一步拓宽人工智能产业领域，为基础研究提供新的思路和理论指导，并拓展产业边界。二是学术论文。人工智能领域的学术论文代表着该领域的研究前沿，高质量的学术论文能够推动人工智能相关学科的进步。在记录新的科研成果的同时，学术论文起到了促进学术交流、推广成果和推动产业发展的作用，同时是衡量人工智能产业创新能力的重要指标。三是科研获奖。科研获奖是衡量人工智能产业创新能力的重要参考。人工智能产业领域的科研获奖为占据市场主导地位创造了更多的机遇，是评价人工智能产业综合创新竞争力的载体。四是研究机构。研究机构对人工智能产业创新能力发展具有极其重要的作用。人工智能研究机构通过整合跨学科资源来组织各种类型的人工智能项目和工程，与此同时，持续带动多元协同的队伍建设，进而形成交叉融合的新方向，是人工智能产业创新能力培育的压舱石。

（2）核心技术——引领技术新发明。一是语音交互。语音交互将成为物联网时代最有竞争力的入口，语音识别将使人类能够以熟悉的方式进行人机交互，从而使语音交互位于其他应用程序入口之上，形成以语音交互技术为核心的新的应用生态链，从而对人工智能产业的发展起到极大的促进作用。二是文本处理。文本处理通过模拟人脑机制来解释文本，试图让机器理解人类的语言。这在大数据时代具有重要意义。在高速数字化的发展阶段，每个企业都存有大量文本数据，各类文本处理应用场景要求人工智能必须拥有强大的文本处理能力，既能识别文本，又能理解文本情感。文本处理也将成为人工智能产业创新的爆发点之一。三是计算机视觉。计算机视觉作为一项全新的人工智能技术，能够以远超其他人工智能工具的速度收集训练数据，还能够以无障碍方式改善人类的感知能力。计算机视觉是人工智能产业创新的强大推动力之一，宽广的应用场景为人工智能产业创新策源能力的提升提供了更多的机遇。四是深度学习。深度学习是人工神经网络的一个研究概念。深度学习为计算机模拟人脑对大量的数据进行分析和统计，甚至模拟人脑的机制提供了研究路径。深度学习使得人工智能拥有了分析图像、分辨声音和处理文本的能力，这是完善人工智能各功能的基础，也是人工智能产业创新能力提升的关键要素。

（3）应用场景——带动产业新方向。一是智慧交通。人工智能融合度较高的应用场景是以无人驾驶为主导的智能汽车，新的技术和商业模式将对传统的汽车行业进行革新。智慧交通车辆的软硬件技术、人工智能算法及政策和商业化仍是创新的重要方向。二是智能医疗。智能医疗领域发展迅速，现已出现多种新实践，如辅助诊疗、虚拟助手、药物研发、智能影像、精准医疗等。提高底层医疗数据的数量与质量、构建复合人才体系、融合医疗行业应用场景、降低行业壁垒等将是智能医疗重点攻克的目标。三是智能制造。人工智能从研发创新、质量控制、故障诊断、运营管理等方面推动制造业转型升级，是实现智能制造的核心动力。制造业与人工智能的集成仍处于培育阶段，智能制造将围绕高质量的数据、强大的计算能力和统一的通信标准，进一步增强创新能力。四是智能安防。人工智能技术正处于安防行业的探索和应用阶段。智能安防以算法、计算能力和数据作为开发的三个要素，产品主要涉及视频结构、生物识别和目标特征识别三个方面。在人工智能的推动下，安防行业逐步向城市化、集成化和主动安防方向发展。五是智能零售。人工智能帮助零售业线上和线下整合，并进一步扩展了消费场景，从而全面改善用户体验。基于应用场景的技术改进和可靠性是智能零售发展的关键。六是智慧教育。人工智能技术在教育领域的应用可以有效地改善教学、学习、训练、操作、评估、管理等各环节，实现教育教学内容的合理分配，科学实施个性化教学。高质量的学习轨迹数据和技术为人工智能和教育领域的融合树立了目标。七是智能家居。人工智能和家居的融合是当前行业的重点。人工智能在交互、决策和服务三个层面上优化和改善了家用产品的性能。智能家居发展的主要创新点包括产品价格、用户隐私保护、语音识别率、互联性等方面。八是智能机器人。人工智能推动机器人从机械化走向智能化。智能机器人已经成为人类在工业和服务领域的重要助手，如辅助机器人、物流机器人和公共服务机器人。不断完善的人机交互环境感知和机器学习技术将进一步拓宽智能机器人的应用场景。

2. 外"源"分析

人工智能产业创新策源能力的形成除了基础研究、核心技术、应用场景三大内部驱动要素，还需借助和依赖外部环境系统的支撑条件（图 2.3），内外之"源"相互影响，且在行为"主体"的"策"动下，外"源"通过内"源"起作用，共同构成人工智能产业创新策源能力动态形成的基础和条件。

（1）市场需求。人工智能是引领未来的战略性高科技，作为新一轮产业变革的核心驱动力，创造新技术、新产品、新产业和新模式，从而导致经济结构的重大变化，深刻改变人类的生产、生活和思维方式，实现社会生产力的正常跨越。一是市场发展规模。中国人工智能产业亦处在快速发展阶段，根据 2017 年 7 月国务院印发的《新一代人工智能发展规划》"三步走"战

图 2.3 人工智能产业创新策源能力形成的外部六维支撑

略目标，2025 年，人工智能核心产业规模超过 4000 亿元，带动相关产业规模超过 5 万亿元；2030 年，人工智能核心产业规模超过 1 万亿元，带动相关产业规模超过 10 万亿元，发展空间巨大。二是产业发展阶段。中国经过多年持续发展和积累，在人工智能领域取得了重要进展，部分领域关键核心技术实现重要突破。例如，语音识别、机器视觉技术世界领先；自适应自主学习、直觉感知、综合推理、混合智能、群体智能等初步具备发展能力；中文信息处理、智能监控、生物特征识别、工业机械人、服务机器人、无人驾驶逐步进入实际应用阶段。加速积累的技术能力与海量的数据资源、巨大的应用需求、开放的市场环境形成了中国人工智能产业发展的独特优势。

（2）政策支持。中国政府近几年对人工智能发展愈加重视，先后出台了 10 余项促进人工智能产业发展的政策，如表 2.1 所示。2017 年全国两会上，人工智能首次写入政府工作报告，意味着人工智能技术对经济社会的巨大推动作用在国家层面得到正式认可；2017 年 7 月发布的《新一代人工智能发展规划》提出中国人工智能要实施"三步走"战略，标志着人工智能成为政府的重点扶持方向。

表 2.1 中国促进人工智能发展的主要政策

发行时间	行政机关	政策标题	主要内容
2015 年 7 月	国务院	国务院关于积极推进"互联网+"行动的指导意见	明确人工智能为重点领域
2016 年 4 月	工业和信息化部、国家发展改革委、财政部	机器人产业发展规划（2016—2020 年）	聚焦智能工业型机器人

续表

发行时间	行政机关	政策标题	主要内容
2016 年 5 月	国家发展改革委、科技部、工业和信息化部、中央网信办	"互联网+"人工智能三年行动实施方案	规划人工智能产业体系
2016 年 7 月	国务院	"十三五"国家科技创新规划	支持智能产业研发
2016 年 8 月	国家发展改革委	国家发展改革委办公厅关于请组织申报"互联网+"领域创新能力建设专项的通知	将人工智能纳入"互联网+"建设专项
2016 年 11 月	国务院	"十三五"国家战略性新兴产业发展规划	支持人工智能领域软硬件开发及规模化应用
2017 年 3 月	国务院	2017 年政府工作报告	人工智能出现在政府工作报告中
2017 年 7 月	国务院	新一代人工智能发展规划	提出阶段战略目标
2017 年 12 月	工业和信息化部	促进新一代人工智能产业发展三年行动计划（2018—2020 年）	推进人工智能和制造业深度融合
2018 年 1 月	中国电子技术标准化研究院	人工智能标准化白皮书（2018 版）	提出适用和引导人工智能产业发展的标准体系
2018 年 3 月	国务院	2018 年政府工作报告	加强新一代人工智能应用

（3）资本支撑。一是融资规模。根据乌镇智库发布的《全球人工智能发展报告（2018）》，截至 2018 年，全球人工智能企业共计融资 784.8 亿美元，其中，美国 373.6 亿美元，中国 276.3 亿美元，居世界前两位。二是融资区域分布。截至 2018 年，受政策支持、资本青睐、人才助力、技术发展影响，中国人工智能企业高度集中于京津冀（1035 家，30.98%）、江浙沪（892 家，26.70%）、粤港澳（841 家，25.17%）三个经济发达地区，京津冀地区人工智能产业累计融资金额最大、融资频次最多[①]。三是未来融资环境。中国人工智能产业正趋于理性和成熟，企业发展形势开始明朗，投资收缩至一些融资轮次较高的优秀企业，对于融资轮次还处于 A、B 轮的初创企业，融资难度将增加。但对于人工智能产业，市场的优胜劣汰有利于真正有价值的人工智能企业获得更优越的发展环境，从而促进行业的发展。

（4）数据开放。在信息时代，数据已经成为促进经济发展、技术创新的全新驱动力。人工智能产业的发展更加需要大量且高质量的数据资源作为支撑。一是基础和技术层面，利用大量数据作为训练基础，能保证算法

---

① 搜狐网. 中国 AI 企业 2018 年融资一览：融资 262 次，单笔平均超 6000 万美元[EB/OL].（2019-04-26）[2024-05-10]. https://www.sohu.com/a/310429875_324615.

的不断改进和性能的不断提升,政府数据开放可为人工智能算法训练提供丰富的数据集。二是应用层面,其核心是数据访问权,数据是人工智能发展的关键变量,中国在应用层面取得较大的国际优势就在于用户的数量及数据的可获得性。2015 年,国务院印发《促进大数据发展行动纲要》,其中,政府数据资源共享开放被列入中国大数据发展"十大关键工程"。推动政府数据开放是大数据发展必不可少的关键环节,是政府治理创新的重要手段,更是带动数字经济从而促进高质量发展的重要抓手。2019 年,政府工作报告提出"深化大数据、人工智能等研发应用""壮大数字经济"。"政府数据+人工智能"已经成为下一个"风口"。随着对政府数据资产的不断打通与利用,大数据及人工智能技术也将进一步赋能中国社会经济的快速稳定发展。

(5)制度伦理。一是全球层面。2007 年 1 月,在由未来生命研究院召开的主题为"有益的人工智能"的阿西洛马会议上,涉及法律、伦理、机器人、人工智能、哲学、经济等众多学科和领域的专家达成了 23 条《阿西洛马人工智能原则》。2018 年 12 月 18 日,欧盟人工智能高级别专家组发布了一份草案,再次掀起世界范围内对人工智能道德准则的关注与探讨,同时对人工智能提出了新的要求——"可信赖的人工智能";在人工智能发展过程中,从"有益的"到"可信赖的",一方面反映了人工智能领域的飞速发展,另一方面透露出国际社会对人工智能制度伦理的担忧与焦虑。二是国家层面。2017 年 7 月,国务院印发的《新一代人工智能发展规划》中提出了"三步走"战略目标,到 2025 年,初步建立人工智能法律法规、伦理规范和政策体系。三是未来发展层面。随着人工智能技术的深度发展和跨界整合,人工智能技术潜在的安全漏洞或系统崩溃将危及社会经济的发展。与法制研究相比,伦理学是基础,在科学技术和实际问题的影响下,各国关注伦理问题的边界和作用,并不断完善与人工智能有关的法律制度,一套以人为中心的人工智能伦理框架才能确保人工智能的研发与发展走在正确的道路上,确保人类牢记人工智能产业应以提高社会福祉为根本目标。

(6)人才队伍。作为新兴产业,人才队伍是人工智能产业发展的关键,专业技术人才及兼顾人工智能与传统产业的跨界人才不足会限制产业发展及其与实体经济的深度融合发展。同时,人工智能是知识密集型行业,属于前沿科学,中国在这方面的积累和储备还远远不足。一是人才数量和质量。领英相关数据显示,2018 年中国从业经验 10 年以上的人工智能人才比例不足 40%,而美国的这一比例则超过 70%。二是人才培养。人工智能涉及领域宽泛,相关领域学科资源分散,未能形成合力,培养人才的数量、质量有待提升。目前,中国开设人工智能专业的高校数量较少、时间较短，学科实力不强；缺乏人工智能与传统行业的跨界人才，亦不利于人工智能在各垂直行业的应用推广。

2.2.3 活动之"策"

"策"强调各种创新活动。通过策划、组织和开展各类创新活动，将内外之"源"所蕴藏的能量释放出来，总体上，可归纳为基础层创新、技术层创新、应用层创新三大类。

人工智能产业创新策源能力的形成需要强有力的基础层创新作为支撑，基础研究通过与外部条件子要素之间互动，实现驱动基础层创新。基础层创新是人工智能从弱人工智能走向强人工智能的必要支撑，基础研究又为基础层创新提供了人工智能产业创新的要素资源。

应用层创新是基础层创新和技术层创新与应用场景及其外部条件子要素之间互动的结果，也是基础层创新与技术层创新将"源"所蕴藏的能量释放出来的载体。

人工智能产业基础层创新和技术层创新为产业发展提供必要支撑，应用层创新通过与应用场景的融合释放出"源"的活力，催生人工智能产业新的市场和需求，并延伸产业边界，从而进一步为相关产业赋能。基础层创新、技术层创新和应用层创新三者的联动构成了人工智能产业创新的"策"。

2.3 运行机理分析

2.3.1 外围作用机制分析

1. 制度伦理是前提条件

在人工智能开发之前需进行伦理评估，确保人工智能沿着正确的道路发展。在整个开发过程中，有伦理专家进行监督，时刻警惕伦理越界，施行阶段公开、透明，确保用户公平性。在伦理范围内公平、公正的人工智能研究与开发是符合产业自然发展规律的，也是促进人工智能产业快速、持续发展与产业集聚的基本条件。

2. 市场需求激发发展动力

任何产业都是有需求才有市场，人工智能产业亦是如此。随着经济社会的不断发展，无论是生产需求还是消费需求都在不断变化。在现有的营商环境下，对劳动生产率的提升需求、驱动要素的转换需求及消费升级的需求都推动着人工智能产业的不断改革和发展。

3. 政府支持提供方向指导

从宏观层面,国家和地方政府层面发布的关于人工智能产业的战略规划、行动计划、发展意见等指明了人工智能今后的重点发展方向和进军领域、各阶段的发展目标,以及具体的改革发展任务。这些政策都为未来大力发展人工智能产业指明了方向。

从微观层面,人工智能产业在具体发展过程中的产业扶持政策、知识产权保障制度、隐私保障制度、问责制度、激励机制与服务保障等极大地保证了人工智能产业的健康可持续发展。

4. 资本支撑提供持续保障

人工智能产业从最初的基础研究到核心技术研发,需要大量的资金投入,其中包括图形处理单元(graphics processing unit,GPU)、现场可编程门阵列(field programmable gate array,FPGA)等硬件资源的费用、大量数据采集的费用,以及引进和培养高科技人才的费用等。同时,后期的技术成果转化和产品推广也需要资金投入。因此,在遵循市场规律的基础上,通过合理的融资方式进行资本投入是发展人工智能产业的必要条件。要综合考虑融资渠道、融资成本、产业短板融资支持等因素。在人工智能领域,国内芯片公司之间互相竞争,基础研发和生产由企业自主决定,这样既保护了市场化的竞争,也补贴了国内生产厂家的研发成本。

5. 数据开放推动应用前景的全面普及

数据作为人工智能的三大要素之一,关系着人工智能领域整个行业的发展。除在基础研究和核心技术层面需要大规模且高质量的数据作为实验基础外,在应用层面,其核心是数据访问权。数据访问权关系着人工智能产品的推广和普及。有证据表明,严格的隐私法规降低了公司和非营利组织收集与使用数据的能力,导致数据创新性下降;对数据使用的限制意味着在给定可用数据的情况下使用人工智能的能力受到限制,有些国家的隐私权规定、本地化要求及获取外国源代码也是人工智能相关商品出口的障碍。

6. 人才队伍为全产业链提供智力资本

人工智能是知识密集型行业,属于前沿科学,其产业链发展的每个环节都离不开人才。加大人才培养力度是保障人工智能产业链健康发展的基础。当前人工智能顶级科学家集聚在美国和欧洲,加强国际知识交流有助于中国获取人工智能方面的技术知识。

2.3.2 内部演进机制分析

1. 基础层创新

基础层是人工智能产业的基础，主要是研发硬件及软件，如人工智能芯片、数据资源、云计算平台等，为人工智能提供数据及算力支撑。主要包括计算硬件（人工智能芯片）、计算系统技术（大数据、云计算和第五代移动通信技术）和数据（数据采集、标注和分析）。我国的基础研究强度始终徘徊在 6%，远低于发达国家 15% 左右的基础研究强度，同时，我国的实验发展强度接近 80%，使得我国人工智能产业有着较强的技术追赶能力，而创新引领能力薄弱。人工智能产业链需要更多地关注和加强产业驱动型基础研究，根据产业驱动型基础研究形成持续的应用性科学创新。

该阶段的外部条件子要素具体包括市场需求（劳动生产率提升需求、驱动要素转换需求、消费升级需求、营商环境需求）、资本支撑（定向教育经费投入）、政策支持（激励机制与服务保障、产业扶持、知识产权保障制度）、人才队伍（顶尖人才集聚支持）等（图2.4）。

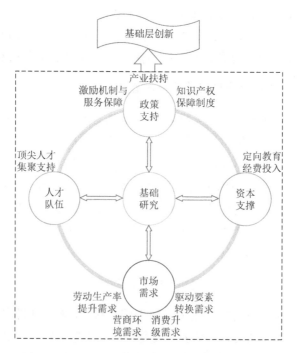

图 2.4 基础层创新策源能力形成机制的理论模型

形成机制如下：政府通过政策支持和资本支撑，扩大人工智能产业人才队伍的水平和规模，并根据市场需求的特征提高基础研究与产业需求的关联度，从而提升基础研究对人工智能产业基础层创新的支撑和引领能力，为人工智能产业创新提供必要的要素资源。

2. 技术层创新

技术层是人工智能产业的核心，以模拟人的智能相关特征为出发点，构建技术路径。主要包括算法理论（机器学习）、开发平台（基础开源框架、技术开放平台）和应用技术（计算机视觉、机器视觉、智能语音、自然语言理解）。基础层创新与核心技术及其外部条件子要素之间的互动有助于一系列围绕着核心技术的技术层创新活动涌现。技术层创新为人工智能产业的各类应用场景提供了有力的技术支撑，而核心技术为技术层创新提供了技术开发的推动力。

人工智能产业技术层创新以基础层创新为底层，人工智能企业无论是直接参与基础研究还是间接参与基础研究，其所遇到的技术层创新问题往往需要通过基础层创新辅助加以解决。同时，基础层创新通过与外部条件子要素进行互动，最终以核心技术为载体推动人工智能产业技术创新策源能力发展。

该阶段的外部条件子要素具体包括市场需求（劳动生产率提升需求、驱动要素转换需求、消费升级需求）、资本支撑（定向教育经费投入）、政策支持（激励机制与服务保障、隐私保障制度、问责制度）、人才队伍（顶尖人才集聚支持）、制度伦理（安全可控）等（图 2.5）。

形成机制如下：市场需求和制度伦理引导与制约人工智能产业技术层创新，政府通过政策支持针对性地扩大人工智能产业相关技术领域的人才队伍，并加强基础层创新与技术层创新的联动机制。企业与研究机构紧密联系产业趋势和市场需求，以核心技术为载体和目标，从而提升人工智能技术创新策源，实现对人工智能产业各类应用场景的有力技术支撑。

3. 应用层创新

应用层是人工智能产业的延伸，集成一类或多类人工智能基础应用技术，面向特定应用场景需求而形成软硬件产品或解决方案。主要包括行业解决方案（"人工智能+"）和热门产品（智能汽车、机器人、智能家居、可穿戴设备等）。

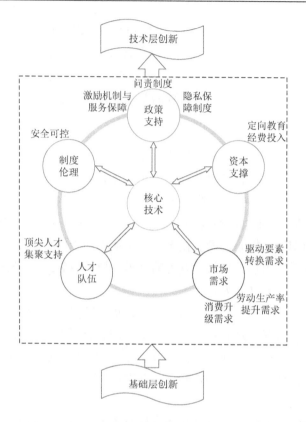

图 2.5　技术层创新策源能力形成机制的理论模型

该阶段的外部条件子要素具体包括市场需求（劳动生产率提升需求、驱动要素转换需求、消费升级需求、营商环境需求）、资本支撑（定向教育经费投入、融资渠道、产业短板融资支持）、数据开放（统一数据标准、数据调用追溯、数据平台对接）、政策支持（产业扶持、知识产权保障制度、隐私保障制度、问责制度、激励机制与服务保障）、人才队伍（顶尖人才集聚支持）、制度伦理（安全可控）等（图 2.6）。

形成机制如下：市场需求和制度伦理引导与制约人工智能产业应用层创新，政府提供政策支持和资本支撑，提高人才队伍的水平。数据开放和市场需求的互动为更多的应用场景提供了可能，基础层创新和技术层创新为应用层创新提供了基础层和技术层的支持，应用层创新是两者驱动效果的载体。各类外部条件子要素的互动实现合力作用，催生人工智能产业创新成果的同时，进一步推动"源"的内涵深化和能级提升。

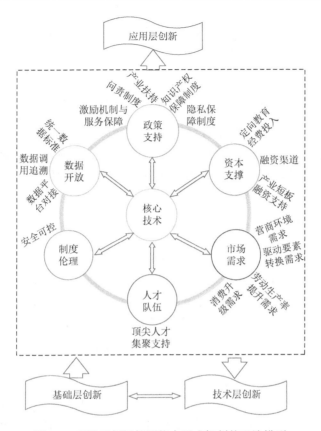

图 2.6　应用层创新策源能力形成机制的理论模型

2.3.3　关键路径分析

1. 以基础领域突破为重点，推动融合发展

以深度学习为代表的底层算法模型是人工智能产业的底层技术，底层技术的突破可以在核心技术和应用推广层面释放更广泛的能量。因此，聚焦深度学习、基础材料、元器件、芯片、传感器等基础领域，并积极布局影响人工智能未来发展的前沿基础理论研究，有利于加快突破图形处理单元、现场可编程门阵列、专用集成电路等基础硬件核心技术，进而促进产生更多的应用层创新。

2. 以基础设施建设为关键，推动重点领域示范应用

通过加速完善人工智能面向行业应用的各项检验评测、标准、安全评价指标体系，满足深度学习等智能计算需求的新型计算集群共享平台、多种生物特征识别的基础身份认证平台等基础资源及产业公共服务平台，消除人工智能向各行业推广应用时面临的资质、数据接口、评价标准等准入壁垒，有利于打通重点领域示范应用的障碍，促进形成良性发展的产业生态。

3. 以商业模式创新为牵引，促进科技成果转化

技术创新成果转化为经济价值需要通过一定的商业模式才能实现，商业模式构成了技术和经济价值的桥梁。因此，注重商业模式的创新发展模式往往有利于推动人工智能产业的创新发展，主要途径包括优化资源整合、设计更加有效的交易方式等。

4. 以超大市场优势为契机，推动应用层带动基础层

目前我国在新一代人工智能产业链中下游更具优势，薄弱之处主要在于芯片等基础硬件领域。因此，可优先构建人工智能产业链的中下游优势，通过不断扩大市场份额，成为新一代人工智能产业的主要终端产品制造商，再利用产业链的中下游优势带动上游发展，逐步优化现有薄弱环节。

5. 以提高竞争意识为要点，建立自主技术标准

目前新一代人工智能产业还处于产业发展初期，技术标准尚未形成，这为我国抢占新一代人工智能产业制高点提供了机遇。因此，可通过推进构建自主技术标准的发展模式来提高我国新一代人工智能产业的竞争力，并以此打破我国产业发展"低端锁定"的局面。

6. 以增强学科建设为抓手，加大人才引进力度

一方面，通过突破高层次人才的培养和引进，鼓励高校、科研院所加大与人工智能企业、国外高校及相关机构的合作力度，打造多种形式的人才培养平台，强化师资力量；同时，针对人工智能芯片、基础算法模型等重点领域，充分利用现有各类人才计划，设立专门通道，实施定向优惠政策，加大对国际顶级科学家和高层次人才的吸引力，提高人才引进效率。另一方面，壮大跨界人才和产业人才队伍，大力推动学科间合作和资源优化集中，形成研发和教学合力，培养跨学科人才。

第3章 人工智能产业创新策源能力评价模型构建

人工智能产业创新策源能力评价模型是用于衡量人工智能产业创新策源能力、明确人工智能产业创新策源能力发展优势和短板的复杂系统，其建立对人工智能产业培育和提升创新策源能力有着十分重要的现实意义，可为有关行业及政府主管部门研究制定发展战略和人工智能产业相关政策等提供科学的参考依据。本章在人工智能产业创新策源能力分析理论模型和人工智能产业创新策源能力形成机理研究的基础上，通过合理地设计和选取评价指标、指标权重确定方法和评价方法，建立人工智能产业创新策源能力评价模型，为后续的人工智能产业创新策源能力实证研究提供思路和工具。

3.1 评价指标体系构建的原则

人工智能产业创新策源能力评价指标体系是用于全面、真实地描述人工智能产业创新策源能力状况，反映人工智能产业创新策源能力的培育和提升过程中存在的短板与矛盾的复杂系统，可为政府科学制定人工智能产业创新策源能力提升的决策提供不可或缺的量化依据。为了能够全面、客观地反映人工智能产业创新策源能力，从而对人工智能产业创新策源能力进行科学评价分析，评价指标体系的构建应遵循以下原则。

1. 科学性原则

人工智能产业创新策源能力评价指标体系的建立应遵循科学性原则，以相关理论作为选取指标的依据，与创新实践相结合，准确、真实地反映一个区域内人工智能产业创新策源能力，以得出较为准确的评价结果。具体来说，指标的设置必须立足创新策源能力的内涵及人工智能产业创新活动的特征，并结合必要的咨询和调研，保证指标的客观性和科学性；在指标数据上，要充分考虑指标的内容、计算方法等，以评价目标为导向，科学、准确地反映人工智能产业创新策源能力的实际情况。

2. 系统整体性原则

人工智能产业创新策源能力的培育和提升是一个系统过程，受到多种内外因素的影响，不同的创新策源能力要素间具有复杂的作用关系，有机构成了人工智能产业创新策源能力。因此，指标的选取要从基础研究、核心技术、应用场景、创新资源和创新创业环境等多方面考虑，所设置的人工智能产业创新策源能力评价指标体系要全面涵盖人工智能产业创新策源能力的各个方面，形成一个完善的评价指标体系，能系统地表征基础研究、核心技术、应用场景、创新资源和创新创业环境这些方面所涵盖的能力和实际情况。

3. 可行性原则

人工智能产业创新策源能力评价指标体系建立的目的是应用于人工智能产业创新策源能力建设。因此，指标的选取应在系统整体性的基础上，由地区综合统计年鉴、各类专业年鉴、数据库和调查获得或计算，保证指标的可测性和易得性，有利于后续的实证评价；指标选取易于量化，对于定量指标，要保证其可信度，并选取能间接赋值或转化为可量化指标的定性指标，使得出的评价结果易于理解且稳定一致，从而实现有效、客观的评价，以供决策借鉴。

4. 目的性原则

人工智能产业创新策源能力评价指标体系建立的目的是为人工智能产业创新策源能力建设提供科学依据，评价结果要能对人工智能产业创新策源能力的提升具有引导和借鉴意义。因此，目的性原则是人工智能产业创新策源能力评价指标体系建立的重要立足点，其除了评价功能，还应发挥一定的引导功能。在指标选取的过程中，设置必要的导向性指标，为地方政府、平台和企业等的人工智能产业创新策源能力培育和提升工作提供引导与借鉴。

总之，人工智能产业创新策源能力评价指标体系的构建和指标的选取要以实现评价目标为根本，要有利于人工智能产业的创新策源。

3.2 评价指标体系设计与建立

3.2.1 评价指标体系的设计

人工智能产业创新活动的载体是产业创新生态系统。创新策源是一个系统的过程，包括原始创新、应用创新、商业化和创新扩散多个阶段。根据对人工智能产业创新策源能力的内涵及其形成机理的深入剖析，结合加快人工智能产业创新驱动和创新策源动能培育的核心目标,以及评价指标体系选取的原则,人工智能产业创新策源能力可以从基础研究影响力、核心技术引领力、应用场景拉动力、创新资源集聚力和创新创业环境支撑力等方面考察。因此,人工智能产业创新策源能力评价指标体系需从这五个方面设计并建立。

1. 基础研究影响力

基础研究影响力包括基础研究资源和基础研究产出两部分。其中,计算机科学领域高被引的论文数量和计算机科学领域研究机构数量是人工智能基础研究影响力最直观的体现,计算机科学领域顶级论文录用数量和计算机科学领域顶级论文被引用量反映区域人工智能基础研究在全球创新链中的地位和潜力。基于上述分析,本书选取的具体指标有计算机科学领域高被引的论文数量、计算机科学领域研究机构数量、计算机科学领域顶级论文录用数量及计算机科学领域顶级论文被引用量。

2. 核心技术引领力

核心技术引领力包括核心技术披露和核心技术价值两部分。技术的进步对人工智能产业创新策源能力提升至关重要,核心技术的突破会进一步加快人工智能产业的发展(顾国达和马文景,2021)。其中,人工智能领域专利合作条约(patent cooperation treaty,PCT)专利数量[①]反映区域人工智能技术创新水平,人工智能领域专利申请数量和专利授权率反映区域人工智能技术创新活动开展程度,技术市场成熟度反映技术市场规模效益。基于上述分析,本书选取的具体指标有人工智能领域 PCT 专利数量、人工智能领域专利申请数量、技术市场成熟度及专利授权率。

3. 应用场景拉动力

应用场景拉动力包括场景研发条件和场景研发产出两部分。其中,人工智能应用场景数量反映区域人工智能应用场景介入程度,国家人工智能开放创新平台数量反映区域对人工智能应用性开发的支持力度,数字经济劳动力需求和高技术产品出口比例能够反映人工智能应用场景市场价值实现。基于上述分析,本书选取人工智能应用场景数量、国家人工智能开放创新平台数量、数字经济劳动力需求及高技术产品出口比例来反映区域内应用场景对人工智能产业发展的拉动效应。

---

① 专利数量统指专利申请数量和授权数量。

4. 创新资源集聚力

创新资源集聚力包括人才资源集聚和支撑条件集聚两部分。其中，高学历（大学专科及以上）人口比例表示人力资本投入水平，计算机科学领域专家数量表示高端人才的储备水平，人工智能领域投融资规模反映区域对人工智能产业的金融支持力度，人工智能企业数量占比反映人工智能创新资源产业化能力，科学数据中心数量表示数据资本积累。基于上述分析，本书主要从高学历（大学专科及以上）人口比例、计算机科学领域专家数量、人工智能领域投融资规模、人工智能企业数量占比及科学数据中心数量来分析人工智能产业创新资源的集聚情况。

5. 创新创业环境支撑力

创新创业环境支撑力包括创新环境水平和创业环境水平两部分。其中，政府数据开放程度反映区域数据开放程度及人工智能产业资源配置情况，体现产业发展的合理性，科研协作水平反映人工智能产业创新研究发展水平，人工智能产业发展政策发布数量反映区域政府对人工智能产业发展的支持力度，外商投资企业数反映区域营商环境，人工智能功能性平台数量反映人工智能产业的创新环境。基于上述分析，本书选用政府数据开放程度、科研协作水平、人工智能产业发展政策发布数量、外商投资企业数及人工智能功能性平台数量来分析人工智能产业创新创业环境支撑力的情况。

3.2.2 评价指标体系的建立

在人工智能产业创新策源能力评价指标体系结构的基础上，结合人工智能产业创新发展的特征和创新策源能力的实质，便可系统地建立人工智能产业创新策源能力评价指标体系。本书提出人工智能产业创新策源能力由基础研究影响力、核心技术引领力、应用场景拉动力、创新资源集聚力、创新创业环境支撑力五个维度组成，选择 22 个二级指标来构建人工智能产业创新策源能力评价指标体系，如表 3.1 所示。

表 3.1　人工智能产业创新策源能力评价指标体系

目标层	一级指标	二级指标	指标说明	单位	变量名称
人工智能产业创新策源能力	基础研究影响力	计算机科学领域高被引的论文数量	由爱思美谱（AceMap）查询计算机领域高被引论文的数量	篇	C_1
		计算机科学领域研究机构数量	计算机科学领域 Top1000 与 QS1000 高校数量，以及由各地政府网站查询人工智能研究机构数量	个	C_2

续表

目标层	一级指标	二级指标	指标说明	单位	变量名称
人工智能产业创新策源能力	基础研究影响力	计算机科学领域顶级论文录用数量	由 AceMap 查询 10 年内中国计算机学会（China Computer Federation，CCF）推荐顶级论文录用数量	篇	C_3
		计算机科学领域顶级论文被引用量	由 AceMap 查询 10 年内 CCF 推荐顶级论文被引用量	次	C_4
	核心技术引领力	人工智能领域 PCT 专利数量	由世界知识产权组织（World Intellectual Property Organization，WIPO）查询人工智能 PCT 专利数量	件	C_5
		人工智能领域专利申请数量	由国家知识产权局查询人工智能领域专利申请数量	件	C_6
		技术市场成熟度	由国家统计局查询技术市场成交额	万元	C_7
		专利授权率	由国家统计局查询专利授权率	%	C_8
	应用场景拉动力	人工智能应用场景数量	由各地政府网站查询人工智能应用场景数量	个	C_9
		国家人工智能开放创新平台数量	由企查查和各地政府网站查询国家人工智能开放创新平台数量	个	C_{10}
		数字经济劳动力需求	由国家统计局查询数字经济劳动力需求量占比	%	C_{11}
		高技术产品出口比例	由《中国高技术产业统计年鉴》查询高技术产品出口总量/出口总量	%	C_{12}
	创新资源集聚力	高学历（大学专科及以上）人口比例	由《中国统计年鉴》公布数据测算高学历（大学专科及以上）人口比例	%	C_{13}
		计算机科学领域专家数量	由科技创新资源中心查询计算机科学领域专家数量	个	C_{14}
		人工智能领域投融资规模	由 IT 桔子投融资数据库查询人工智能领域投融资规模	亿元	C_{15}
		人工智能企业数量占比	由《人工智能白皮书》查询人工智能企业数量占比	%	C_{16}
		科学数据中心数量	由科技创新资源中心查询科学数据中心数量	个	C_{17}
	创新创业环境支撑力	政府数据开放程度	由《中国地方政府数据开放报告》查询政府数据开放程度	分	C_{18}
		科研协作水平	自然指数（nature index）中论文计数（article count，AC）值/作者计数（fractional count，FC）值	分	C_{19}
		人工智能产业发展政策发布数量	由各地政府网站和北大法宝查询人工智能产业发展政策发布数量	项	C_{20}
		外商投资企业数	由国家统计局查询外商投资企业数	个	C_{21}
		人工智能功能性平台数量	由企查查和各地政府网站查询人工智能功能性平台数量	个	C_{22}

3.3 评价方法比较与选择

从前面的研究可知,对人工智能产业创新策源能力评价的目的在于分析人工智能产业创新策源能力的现实水平,明晰我国人工智能产业创新发展过程中存在的差距和短板,从而提出相应的推进思路和对策建议。因此,人工智能产业创新策源能力的评价方法在满足对能力相对优劣的评价基础上,必须能够准确地反映各评价指标与最优数据间的差距。

3.3.1 评价方法的比较

多指标综合评价是指根据不同的评价目的,选择多个因素或指标,采用相应的评价形式,通过一定的评价方法将多个评价因素或指标转化为能反映评价对象总体特征的信息,其中,评价指标与权重的确定将直接影响综合评价的结果(李鹏和俞国燕,2009)。

按照权重产生方法,多指标综合评价方法可以分为主观赋权评价法和客观赋权评价法两大类。其中,主观赋权评价法是先通过专家根据经验进行主观判断和打分而得到权重,再对指标进行综合评价,如 AHP、模糊评价法、综合评分法、指数加权法和功效系数法等。客观赋权评价法是根据指标之间的相关关系或各指标的变异系数来确定权重,从而进行综合评价,如熵值法、神经网络分析法、主成分分析法、TOPSIS、灰色关联分析法、变异系数法等。

如表 3.2 所示,主客观赋权评价法的特点不同,其中,主观赋权评价法依据专家经验衡量各指标的相对重要性,有一定的主观随意性,受人为因素的干扰较大,在评价指标较多时难以得到准确的评价;客观赋权评价法综合考虑各指标间的相互关系,根据各指标所提供的初始信息量来确定权重,评价结果相对精确,但是当指标较多时,计算量非常大(李鹏和俞国燕,2009)。

表 3.2 主客观赋权评价法的特点比较

分类	常用的评价方法	特点
主观赋权评价法	AHP、模糊评价法、综合评分法、指数加权法、功效系数法等	依据专家经验衡量各指标的相对重要性,有一定的主观随意性,受人为因素的干扰较大,在评价指标较多时难以得到准确的评价
客观赋权评价法	熵值法、神经网络分析法、主成分分析法、TOPSIS、灰色关联分析法、变异系数法等	综合考虑各指标间的相互关系,根据各指标所提供的初始信息量来确定权重,评价结果相对精确,但是当指标较多时,计算量非常大

常用的赋权评价法介绍如下。

1. AHP

AHP 是一种被广泛关注和采用的综合评价方法,可以实现定性与定量的综合分析(王辉等,2019)。AHP 是指将一个复杂的多目标决策问题作为一个系统,首先将决策问题按总目标、各层子目标、评价准则直至具体的备择方案的顺序分解为不同的层次结构,然后用求解判断矩阵特征向量的办法,求得每一个层次的各元素对上一层次某元素的优先权重,最后通过加权和方法递阶归并各备择方案对总目标的最终权重,最终权重最大者即最优方案。AHP 比较适合具有分层交错评价指标的目标系统且目标值难以定量描述的决策问题。在运用 AHP 时,如果所选的元素不合理,元素含义混淆不清或元素间的关系不正确,就会降低 AHP 的结果质量,甚至导致 AHP 决策失败。为保证递阶层次结构的合理性,需遵循以下原则:①分解简化问题时把握主要因素,不漏不多;②注意比较元素之间的强度关系,若元素悬殊,则不能在同一层次比较。

2. 熵值法

熵是信息论中对信息不确定性的一种度量,其概念来源于热力学。熵值作为体系混乱程度的表征,其与系统的不确定性程度存在正向变动关系,而与信息量存在反向变动关系(沈雨婷和金洪飞,2019),信息量越大,熵值越小,信息对应的效用越高。熵值法是运用多元统计分析的一种客观分析方法。它以各指标的原始数据的内在关系作为评价依据,避免了主观随意性导致的偏差,但无法体现不同属性指标间对决策者的实际重要程度,易出现偏离实际的情况。

3. TOPSIS

TOPSIS 是一种针对单调效用函数,根据各指标实际数据集的最优数据和最劣数据,构造正、负理想解,通过引入欧几里得距离计算相对贴近度以进行综合评价的方法(韩亚娟和杨玉琪,2020)。它以各指标与正、负理想解的距离作为比较依据,评价对象与正理想解最近且与负理想解最远,即加权所得的欧几里得距离最小,则评价目标为最优水平。TOPSIS 的正、负理想解是由原始数据得出的,可以较好地反映各评价对象的实际水平。但是 TOPSIS 只有结合评价指标体系权重在多层次多因素间展开,才能有效反映各评价对象在不同维度上的特征。

3.3.2 评价方法的选择

从前面的研究可知,对各省区市人工智能产业创新策源能力评价的目的在于分析人工智能产业创新策源能力的现实水平,明晰我国人工智能产业创新发展过程中存在的问题和短板,从而提出相应的推进思路和对策建议。因此,人工智能产业创新策源能力的评价方法在满足对能力相对优劣的评价基础上,必须能够准确反映各评价指标与最优数据间的差距。结合以上对评价方法的比较,根据评价指标体系多因素多层次的特点,本书在我国人工智能产业创新策源能力评价中采用 AHP-熵值法来确定我国人工智能产业创新策源能力评价指标体系中指标的权重,采用基于 TOPSIS 的相对评价方法综合评价指标的相对贴近度,从而对人工智能产业创新策源能力展开评价。

1. 基于 AHP-熵值法的权重确定方法

人工智能产业创新策源能力评价指标体系中各指标权重的确定对人工智能产业能力实证评价起着十分关键的作用,科学确定指标权重对评价结果的合理性和客观性具有巨大影响。因此,采用科学、合理的权重确定方法是研究中需要重点解决的问题。权重确定方法可以划分为主观赋权法、客观赋权法和综合赋权法三种方法。主观赋权法是通过决策者的经验和知识,结合专家的意见确定体系中各指标权重的一种方法,凸显了决策者的主观意向,简单易行,但易受到专家经验和知识主观随意性的影响,其典型方法是 AHP。客观赋权法是运用多元统计分析方法,根据各指标的原始数据的内在关系为指标赋权的一种定量方法,避免了主观随意性导致的偏差,但无法体现不同属性指标间对决策者的实际重要程度,其典型方法是熵值法。综合赋权法是通过综合运用主观权重和客观权重,通过相互补充和修正两者的偏差,弥补单独赋权的不足和局限性,更合理地确定指标权重。因此,人工智能产业创新策源能力评价模型采用综合赋权法,以 AHP 确定指标主观权重,以熵值法确定指标客观权重,进行主客观综合赋权以确定指标的权重,从而对我国人工智能产业创新策源能力展开评价,如图 3.1 所示。

1)AHP 确定主观权重

利用 AHP 确定权重的过程可以分为指标体系层次化、构造两两比较判断矩阵、主观权重计算和一致性检验四步,具体步骤如下。

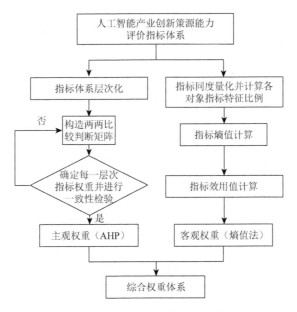

图 3.1　AHP-熵值法综合赋权步骤

（1）指标体系层次化。构造一个指标结构模型，将指标体系层次化。根据指标元素之间的关系及属性，将其分解为目标层、准则层和指标层三个层次。

目标层即人工智能产业创新策源能力；准则层从属于目标层，由若干因素组成，即各项子能力，包括基础研究影响力、核心技术引领力、应用场景拉动力、创新资源集聚力和创新创业环境支撑力共 5 个方面；指标层的组成元素则是准则层下设的细化指标，即在 5 项子能力下设置 22 个二级指标，如计算机科学领域顶级论文被引用量、人工智能领域 PCT 专利数量、政府数据开放程度等。

（2）构造两两比较判断矩阵。假设每一个层次的决策目标为 E，评价对象为 $i = 1, 2, \cdots, m$，评价指标为 $j = 1, 2, \cdots, n$，通过同级指标体系中指标间的两两比较，构建判断矩阵 A：

$$A = \left\{ a_{ij} \right\}_{m \times n} = \begin{pmatrix} a_{11} & \cdots & a_{1n} \\ \vdots & & \vdots \\ a_{m1} & \cdots & a_{mn} \end{pmatrix} \tag{3-1}$$

其中，a_{ij} 为该层次的第 i 个评价对象在第 j 个指标下的相对重要性。a_{ij} 值通过指标间两两比较，依据九级标度法确定（严斌等，2021），如表 3.3 所示。其中，$a_{ii} = 1$，$a_{ij} = \dfrac{1}{a_{ji}}$。

表 3.3 九级标度法

标度值	标度说明
1	表示 a_i 与 a_j 具有同等的重要性
3	表示 a_i 与 a_j 相比，前者的重要程度略高
5	表示 a_i 与 a_j 相比，前者的重要程度较高
7	表示 a_i 与 a_j 相比，前者的重要程度明显高
9	表示 a_i 与 a_j 相比，前者的重要程度绝对高
2、4、6、8	表示上述相邻标度的中间值

（3）主观权重计算。运用方根法确定指标权重，计算判断矩阵 A 每一行元素乘积的几何平均值 $\overline{w_i}$：

$$\overline{w_i} = \sqrt[n]{\prod_{j=1}^{n} a_{ij}} \tag{3-2}$$

对各行的几何平均值 $\overline{w_i}$ 做归一化处理，确定层次单排序中各因素占比 w_i：

$$w_i = \frac{\overline{w_i}}{\sum_{i=1}^{n} \overline{w_i}} \tag{3-3}$$

（4）一致性检验。人工智能产业创新策源能力评价决策者具有复杂多样性，必须对判断矩阵进行一致性检验并作出调整，以保证权重的合理性。由此引入一致性指标（consistency index，CI）和一致性比率（consistent ratio，CR），结合判断矩阵 A 的随机指标（random index，RI）和最大特征值 $\lambda_{\max}$，对其进行一致性检验。

最大特征值为

$$\lambda_{\max} = \sum_{i=1}^{n} \frac{(AW)_i}{nW_i} \tag{3-4}$$

一致性指标为

$$CI = \frac{\lambda_{\max} - n}{n - 1} \tag{3-5}$$

一致性比率为

$$CR = \frac{CI}{RI} \qquad (3-6)$$

其中，随机指标可从表 3.4 中选取。

表 3.4　随机指标

n	RI	n	RI
1	0	6	1.26
2	0	7	1.36
3	0.52	8	1.41
4	0.89	9	1.46
5	1.12	10	1.49

一致性比率 CR 可以用来反映判断矩阵 A 的一致性，若 CR＜0.1，则判断矩阵 A 通过一致性检验。

2）熵值法确定客观权重

根据熵的特性，可以将熵值作为衡量单个指标离散程度和各指标变异程度的工具，来判断各指标对评价的影响，从而确定评价指标体系的客观权重。具体步骤如下。

（1）数据矩阵规范化处理。人工智能产业创新策源能力评价指标体系中各指标的单位及内涵不同。为了使各指标具有可比性，要将指标无量纲化以消除量纲的影响，才能进一步进行矩阵规范化和综合评价。

若人工智能产业创新策源能力评价指标体系中有 n 个指标，要对 m 个评价对象的人工智能产业创新策源能力进行评价，则可建立原始数据矩阵：

$$V = (v_{ij})_{m \times n} = \begin{pmatrix} v_{11} & \cdots & v_{1n} \\ \vdots & & \vdots \\ v_{m1} & \cdots & v_{mn} \end{pmatrix} \qquad (3-7)$$

运用极值处理法，依据正向指标的处理方式对原始数据矩阵进行规范化，并得到规范化矩阵 X：

$$x_{ij} = \frac{v_{ij} - \min v_j}{\max v_j - \min v_j} \qquad (3-8)$$

$$X = (x_{ij})_{m \times n} = \begin{pmatrix} x_{11} & \cdots & x_{1n} \\ \vdots & & \vdots \\ x_{m1} & \cdots & x_{mn} \end{pmatrix} \qquad (3-9)$$

（2）计算熵值。在第 j 个指标下，第 i 个评价对象的指标特征权重为 p_{ij}，第 j 个指标的熵值为 e_j：

$$p_{ij} = \frac{x_{ij}}{\sum_{i=1}^{n} x_{ij}} \qquad (3\text{-}10)$$

$$e_j = -\frac{1}{\ln m} \sum_{i=1}^{m} p_{ij} \ln p_{ij} \qquad (3\text{-}11)$$

（3）计算指标客观权重。第 j 个指标效用值为 g_j，第 j 个指标的客观权重为 w_j：

$$g_j = 1 - e_j \qquad (3\text{-}12)$$

$$w_j = \frac{g_j}{\sum_{j=1}^{n} g_j} \qquad (3\text{-}13)$$

3）主客观权重综合赋权

主客观权重综合赋权既避免了主观随意性对主观权重的影响，又克服了客观赋权法不能充分考虑客观规律和实际重要程度的缺点，保证了人工智能产业创新策源能力评价指标体系权重的科学性和准确性（宋晓彤等，2019）。综合权重为 $w_{j综合}$：

$$w_{j综合} = \alpha w_{j主观} + (1-\alpha) w_{j客观} \qquad (3\text{-}14)$$

其中，$\alpha (0 \leqslant \alpha \leqslant 1)$ 为主观权重偏好系数。为得到合理的综合权重并保证偏差平方和最小，本书选取 $\alpha = 0.5$，即主观权重与客观权重各占综合权重的 50%（于长钺等，2018）。

2. 基于 TOPSIS 的相对评价方法

（1）构建加权决策矩阵。若加权决策矩阵 Z 中共有 m 个评价对象、n 个指标，z_{ij} 表示在第 j 个指标下，第 i 个评价对象的评价数值，则有

$$Z = (z_{ij})_{m \times n} = \begin{pmatrix} z_{11} & \cdots & z_{1n} \\ \vdots & & \vdots \\ z_{m1} & \cdots & z_{mn} \end{pmatrix} \qquad (3\text{-}15)$$

其中，$z_{ij} = x_{ij} w_{j综合}$，x_{ij} 为式（3-9）中规范化矩阵对应元素，$w_{j综合}$ 为式（3-14）中由主客观权重综合得出的综合权重。

（2）确定正理想解及负理想解。人工智能产业创新策源能力评价指标体系中的指标属性为正向指标，指标数值越大，则评价结果越优。因此，根据人工智能产业创新策源能力评价指标的正向指标属性及各评价对象数据，进一步确定各指标正、负理想解。

$$\begin{cases} F_i^+ = \max(z_{ij}), j = 1, 2, \cdots, n \\ F_i^- = \min(z_{ij}), j = 1, 2, \cdots, n \end{cases} \tag{3-16}$$

其中，F_i^+ 为正理想解，表示由各指标最优值所组成的正理想方案；F_i^- 为负理想解，表示由各指标最劣值所组成的负理想方案。

确定各指标与理想解的欧几里得距离，即分别确定正、负理想方案间的距离：

$$\begin{cases} S_i^+ = \sqrt{\sum_{j=1}^{n}(z_{ij} - F_i^+)^2}, i = 1, 2, \cdots, m \\ S_i^- = \sqrt{\sum_{j=1}^{n}(z_{ij} - F_i^-)^2}, i = 1, 2, \cdots, m \end{cases} \tag{3-17}$$

其中，S_i^+ 为指标到正理想方案的距离；S_i^- 为指标到负理想方案的距离。

各评价对象相对贴近度为

$$C_i = \frac{S_i^-}{S_i^+ + S_i^-}, i = 1, 2, \cdots, m \tag{3-18}$$

相对贴近度表示方案与正理想解的接近程度，以与负理想解最远且与正理想解最近为最优（余鹏和马珩，2021），即相对贴近度 $C_i(0 \leqslant C_i \leqslant 1)$ 越大，则该评价对象人工智能产业创新策源能力越强，因此，相对贴近度可以代表各评价对象人工智能产业创新策源能力。同时，依据综合评价指标的相对贴近度进行排名，可以进一步明确我国人工智能产业创新策源能力与理想方案间存在的差距，有利于后续的实证分析及配套对策建议的提出。

3.4　本 章 小 结

本章在人工智能产业创新策源能力评价指标体系结构的基础上，结合人工智能产业创新发展的特征和创新策源能力的实质，建立人工智能产业创新策源能力评价指标体系，提出由基础研究影响力、核心技术引领力、应用场景拉动力、创新资源集聚力、创新创业环境支撑力五个维度组成的人工智能产业创新策源能力评价指标体系，并对该评价指标体系五个维度的若干指标进行说明。进一步，本章对主客观赋权评价方法进行了比较和选择，确定了采用 AHP-熵值法来确定我国人工智能产业创新策源能力评价指标体系中指标的权重，采用基于 TOPSIS 的相对评价方法综合评价指标的相对贴近度，从而对后续人工智能产业创新策源能力展开评价。

第4章 我国人工智能产业发展现状及创新策源能力评价

在构建人工智能产业创新策源能力评价指标体系的基础上,本章首先分析我国人工智能产业创新发展现状;然后从基础研究影响力、核心技术引领力、应用场景拉动力、创新资源集聚力、创新创业环境支撑力五个维度对我国人工智能产业创新策源能力进行评价;最后对我国各省区市人工智能产业创新策源能力进行比较和分析。

4.1 我国人工智能产业发展现状

4.1.1 新一代人工智能产业呈现蓬勃发展的良好态势

我国新一代人工智能产业聚焦多元化的应用场景,在国情和市场需求的引领下,瞄准交通、医疗、金融、安防等领域智能化改造升级的切实需求,集中选择一个或者几个重点领域进行重点布局,围绕行业全生命周期大数据,通过优化场景设计率先推动并实现其商业化落地。近年来,差异化和区域化的竞争态势使我国涌现出一大批新兴的人工智能企业,推动我国人工智能产业规模持续扩大。2018 年我国新一代人工智能产业规模达到 83.1 亿美元,2019 年我国新一代人工智能产业规模突破百亿美元,达到 105.5 亿美元,2022 年我国新一代人工智能产业规模逼近 300 亿美元,如图 4.1 所示。

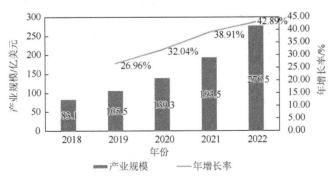

图 4.1 我国新一代人工智能产业规模及年增长率

资料来源:中国电子学会

随着国家政策的倾斜和第五代移动通信技术等相关基础技术的发展，我国人工智能产业在各方的共同推动下进入爆发式增长阶段，市场发展潜力巨大。2019 年我国人工智能核心产业规模达到 510 亿元，预计 2025 年我国人工智能核心产业规模将达到 4000 亿元，有望发展成为全球最大的人工智能市场，如图 4.2 所示。

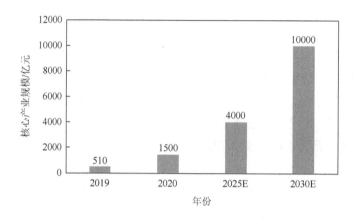

图 4.2　我国人工智能核心产业规模
资料来源：工业和信息化部、艾媒数据中心

4.1.2　国家连续出台多项政策推动人工智能产业发展

2015 年以来，我国密集出台了一系列扶植人工智能产业发展的政策，国家发展改革委、科技部、工业和信息化部、中央网信办等多个部门参与了人工智能联合推进机制，积极推动人工智能技术的发展及其在各个细分领域的渗透。2017~2019 年，人工智能连续三年被写入政府工作报告，凸显了政府对人工智能产业的重视：2017 年 7 月，《新一代人工智能发展规划》的发布标志着人工智能上升至国家战略高度，如表 4.1 所示。

表 4.1　我国人工智能产业政策

文件名称	发布机构	发布时间	政策要点
国务院关于积极推进"互联网+"行动的指导意见	国务院	2015 年 7 月	依托互联网平台提供人工智能公共创新服务，加快人工智能核心技术突破，培育发展人工智能新兴产业，推动人工智能在智能产品、工业制造等领域规模商用，为产业智能化升级夯实基础
中华人民共和国国民经济和社会发展第十三个五年发展规划纲要	国务院	2016 年 3 月	布局未来网络架构、技术体系和安全保障体系。重点突破大数据和云计算关键技术、自主可控操作系统、高端工业和大型管理软件、新兴领域人工智能技术

续表

文件名称	发布机构	发布时间	政策要点
"互联网+"人工智能三年行动实施方案	国家发展改革委、科技部、工业和信息化部、中央网信办	2016 年 5 月	到 2018 年,打造人工智能基础资源与创新平台,人工智能产业体系基本建立,基础核心技术有所突破,总体技术和产业发展与国际同步,应用及系统级技术局部领先
"十三五"国家科技创新规划	国务院	2016 年 7 月	大力发展新一代信息技术,其中,人工智能重点发展大数据驱动的类人智能技术方法;突破以人为中心的人机物融合理论方法和关键技术,研制相关设备、工具和平台;重点开发移动互联、量子信息、人工智能等技术,推动增材制造、智能机器人、无人驾驶汽车等技术的发展
"十三五"国家战略性新兴产业发展规划	国务院	2016 年 11 月	发展人工智能,培育人工智能产业生态,促进人工智能在经济社会重点领域推广应用,打造国际领先的技术体系。具体包括加快人工智能支撑体系建设、推动人工智能技术在各领域应用
2017 年政府工作报告	国务院	2017 年 3 月	全面实施战略性新兴产业发展规划,加快新材料、人工智能、集成电路、生物制药、第五代移动通信等技术研发和转化,做大做强产业集群。人工智能首次被写入政府工作报告
新一代人工智能发展规划	国务院	2017 年 7 月	制定了分三步走的战略目标:到 2020 年人工智能总体技术和应用与世界先进水平同步;到 2025 年人工智能基础理论实现重大突破,部分技术与应用达到世界领先水平;到 2030 年人工智能理论、技术与应用总体达到世界领先水平,成为世界主要人工智能创新中心。这标志着人工智能上升至国家战略高度
促进新一代人工智能产业发展三年行动计划(2018—2020 年)	工业和信息化部	2017 年 12 月	从推动产业发展角度出发,对《新一代人工智能发展规划》相关任务进行了细化和落实。以信息技术与制造技术深度融合为主线,以新一代人工智能技术的产业化和集成应用为重点,推动人工智能和实体经济深度融合,加快制造强国和网络强国建设
2018 年政府工作报告	国务院	2018 年 3 月	做大做强新兴产业集群,实施大数据发展行动,加强新一代人工智能研发应用,在医疗、养老、教育、文化、体育等多领域推进"互联网+"
2019 年政府工作报告	国务院	2019 年 3 月	促进新兴产业加快发展。深化大数据、人工智能等研发应用,培育新一代信息技术、高端装备、生物医药、新能源汽车、新材料等新兴产业集群,壮大数字经济

4.1.3　人工智能产业发展多头并进

　　我国人工智能基础层企业和科研院所深度合作,积极打破技术研发和成果转化的壁垒,加大了对传感器、智能芯片及算法模型等基础层技术的研发力度，并逐步取得了一定的技术积累，形成了较为完整的技术和产品体系，有望在未来打破国际基础层技术垄断的格局。2018 年，我国新一代人工智能基础层产业规模达到 16.2 亿美元；我国优秀巨头企业的开源平台效应逐渐显著，为初创企业的持续创新提供了良好的研发环境，2022 年，我国新一代人工智能基础层产业规模达到 32.5 亿美元，如图 4.3 所示。

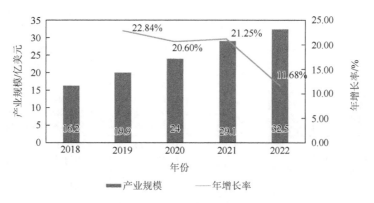

图 4.3　我国新一代人工智能基础层产业规模及年增长率

资料来源：中国电子学会

　　我国人工智能技术层产业围绕垂直领域持续突破技术壁垒，率先锚定安防监控、智能家居及教育培训等特定领域，重点研发人脸检测识别、指纹识别、语音识别在公共场所管控、重大案件预测、智能家居控制与反馈、远程教育、个性化学习测评和辅导等场景的应用，逐渐打造具有应用深度的成熟产品和服务，并具备与国际竞争者一较高下的能力。2018 年，我国新一代人工智能技术层产业规模达到 24.1 亿美元；我国在计算机视觉和语音识别领域已逐步出现领航者，2022 年，我国新一代人工智能技术层产业规模突破 80 亿美元，如图 4.4 所示。

　　相对发达国家，我国人工智能产业在制造、交通、金融、医疗、教育等传统行业的发展程度和基础设施水平都有较大的改造与提升空间，为新一代人工智能应用层产业加速落地提供了广阔的市场空间。大规模高质量的用户基础和亟待升级的产业基础推动人工智能应用层产业发展进程持续提速。2018 年，我国新一代人工智能应用层产业规模达到 42.4 亿美元；我国新一代人工智能应用层企业由过去的输出技术模式逐步转变为全产业链的渗透和场景的革新优化模式，2022 年，我国新一代人工智能应用层产业规模达到 161 亿美元，如图 4.5 所示。

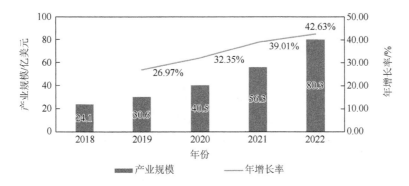

图 4.4　我国新一代人工智能技术层产业规模及年增长率

资料来源：中国电子学会

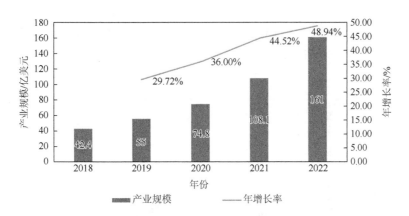

图 4.5　我国新一代人工智能应用层产业规模及年增长率

资料来源：中国电子学会

4.2　我国人工智能产业创新策源能力评价

4.2.1　基础研究影响力

1. 中国人工智能领域论文数量大幅增长

1998～2017 年，全球人工智能领域论文数量大幅增长。如图 4.6 所示。2017 年，Web of Science 核心集合收录的全球人工智能领域论文等学术发表物达到 6.51 万篇，其中，中国人工智能领域论文等学术发表物达到 1.73 万篇，中国人工智能领域论文全球占比由 1998 年的 5.52%提升到 2017 年的 32.8%，说明中国在人工智能科研领域实力大幅增长。

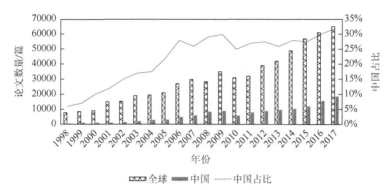

图 4.6   全球/中国人工智能领域论文数量

资料来源：中国信息通信研究院

1998～2018 年，全球人工智能领域论文数量最多的是美国，共有149096 篇，中国以 141840 篇排在第二位，英国、德国、印度分列第三至第五位，如图 4.7 所示。

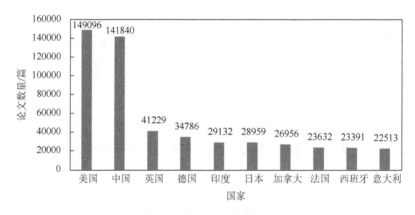

图 4.7   全球人工智能领域论文数量 TOP10 国家

资料来源：中国信息通信研究院

世界人工智能研究主要国家中，美国一直处于领先态势，论文数量高于其他国家；中国人工智能领域论文数量快速增长，在 2009 年及 2014 年后，中国超过美国并取得总量第一的位置；印度人工智能领域论文数量于2013 年起快速增长，2014 年论文数量超越英国，位居全球第三。

1998～2018 年，中国人工智能领域论文数量最多的机构是中国科学院，清华大学、哈尔滨工业大学分列第二、第三位。中国科学院以超过 1 万篇的数量遥遥领先于排名第二的清华大学（4500 余篇）和其他机构，如图 4.8 所示。

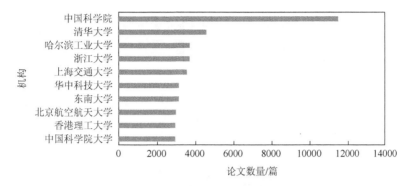

图 4.8　中国人工智能领域论文数量机构分布

资料来源：中国信息通信研究院

Web of Science 收录的高被引论文中，中国人工智能领域高被引论文数量自 2012 年起快速增长，中国人工智能领域高被引论文数量全球占比从 2008 年的不足 15% 增长到 2017 年的 54%，如图 4.9 所示，说明中国人工智能领域科研质量获得较大程度提升。

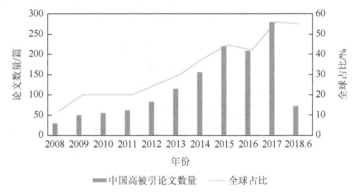

图 4.9　中国人工智能高被引论文数量及全球占比

资料来源：中国信息通信研究院

全球科学、技术、工程和数学（science，technology，engineering，mathematics，STEM）领域的毕业生数量逐年增加，中国 STEM 领域的毕业生数量居世界首位。2016 年，中国 STEM 领域有 470 万名毕业生，如图 4.10 所示，其中，中国 STEM 领域博士研究生毕业生共 3 万名。

2. 中国人工智能学术研究机构实力还需进一步增强

高校、科研院所等研究机构引领人工智能理论技术发展的前沿，充分体现了一个国家或地区在人工智能领域的研究实力。高校、科研院所等研

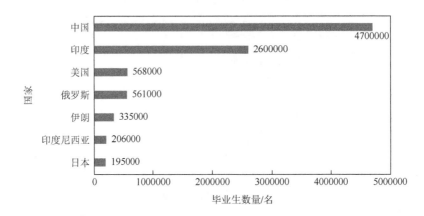

图 4.10　2016 年各国 STEM 领域毕业生数量

资料来源：世界经济论坛、中国信息通信研究院

究机构形成了稳定的科研团队，并且具有一定的规模，科学研究的基础设施也更为先进，能够持续地培养更多的人工智能领域的先进人才。

德国特里尔大学和达格斯图尔-莱布尼茨信息中心（Schloss Dagstuhl-Leibniz Center for Informatics）联合维护的数字数目索引与图书馆项目（Digital Bibliography& Library Project, DBLP）收录了大量计算机领域文献，并基于计算机领域文献的元数据提供文献检索服务。2012～2017 年，DBLP 每年新收录 30 万～40 万篇文献，截至 2018 年，DBLP 收录文献超过 420 万篇。据此可统计每年发表过被 DBLP 收录的人工智能领域文献的研究机构和学者，以了解学术界对人工智能领域的关注度。

2013～2017 年发表过被 DBLP 收录的人工智能领域文献的研究机构和学者数量如图 4.11 所示。不少国家对人工智能领域的关注度在 2015 年明显提升，2016 年有所降温后，2017 年又达到高点。

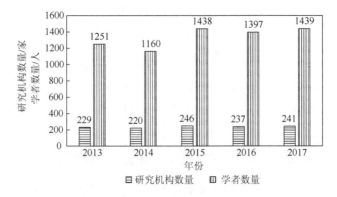

图 4.11　学术界对人工智能领域的关注度

资料来源：CS Rankings、中国信息通信研究院

美国人工智能技术水平稳居全球首位，领先优势明显，无论是人工智能领域的研究机构数量还是该领域的学者数量的全球占比都接近50%；中国人工智能领域的研究机构数量具有一定的规模，与英国、印度相当，如图 4.12 所示。中国人工智能领域的学者数量与美国也存在差距，位列第二，如图 4.13 所示，近年来总体呈增加趋势，2017 年比2013 年增长约 30%。

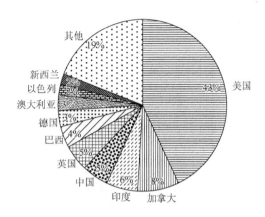

图 4.12　2017 年人工智能领域研究机构数量占比 TOP10 国家

资料来源：CS Rankings、中国信息通信研究院

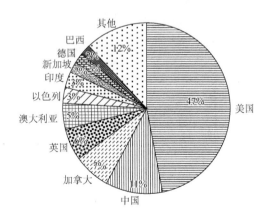

图 4.13　2017 年人工智能领域学者数量占比 TOP10 国家

资料来源：CS Rankings、中国信息通信研究院

4.2.2　核心技术引领力

1999～2017 年，全球人工智能领域图像识别、生物特征识别、语音识别、语音合成、自然语言理解、机器学习等关键技术分支的专利申请数

量和授权数量超过 10 万件。中国人工智能领域专利申请数量和授权数量自 2010 年开始增加,自 2014 年实现快速增长。

如图 4.14 所示,从人工智能领域专利申请数量来看,中国排在第一位,已经超过美国、日本等国家。中国、美国、日本三个国家专利申请总量全球占比达 75%。如图 4.15 所示,从人工智能领域专利主要申请人来看,中国并没有太大的优势,美国、日本、韩国等国家科技巨头企业在人工智能领域的专利积累具有领先优势。

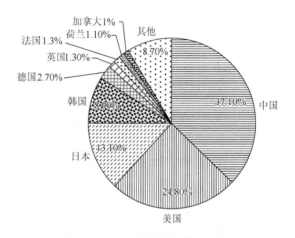

图 4.14　2017 年全球人工智能领域专利申请数量 TOP10 国家

资料来源:中国信息通信研究院

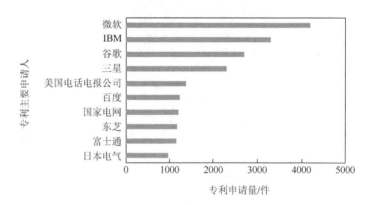

图 4.15　2017 年全球人工智能领域专利主要申请人分布

资料来源:中国信息通信研究院

尽管 2020 年新冠疫情暴发,但是我国人工智能领域技术创新并未受阻。截至 2020 年 10 月,我国人工智能领域专利申请数量共计 69.4 万件,同比增长 56.3%。

从专利申请人分布来看,互联网企业和高校是人工智能技术发展的主力军。百度、腾讯、阿里巴巴等互联网企业的专利申请数量和授权数量都名列前茅,华为、浪潮等信息技术制造业企业体现了雄厚的研发实力。其中,百度分别以 9364 件专利申请和 2682 件专利授权处于领先地位,并在深度学习技术、智能语音、自然语言处理、自动驾驶、知识图谱、智能推荐、交通大数据等多个领域居专利申请数量和授权数量首位,华为则在专利申请数量和授权数量中分列第三、第二位。同时,清华大学、浙江大学、北京航空航天大学等高校成为人工智能领域的重要创新主体。截至 2020 年 10 月,我国人工智能领域申请人专利授权数量排名如图 4.16 所示。

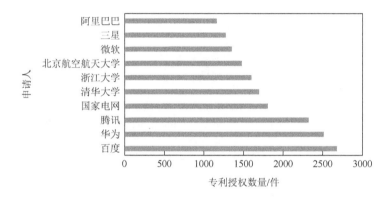

图 4.16　我国人工智能领域申请人专利授权数量排名
资料来源:《2020 人工智能中国专利技术分析报告》

相关数据显示,云计算作为人工智能领域的基础支撑技术,专利申请数量占比最多,达到 18.38%;计算机视觉作为人工智能领域的应用技术,紧随其后,专利申请数量占比为 17.72%;深度学习、自动驾驶及智能机器人的专利申请数量占比分别为 14.52%、12.36% 和 9.55%;其后分别为交通大数据(专利申请数量占比为 7.58%)、智能推荐(专利申请数量占比为 5.72%)、自然语言处理(专利申请数量占比为 5.65%)、智能语音(专利申请数量占比为 5.35%)、知识图谱技术(专利申请数量占比为 3.16%)[①](王利红和单颖辉,2022)。

4.2.3　应用场景拉动力

1. 人工智能应用场景不断拓展

全球人工智能企业主要集中在人工智能+垂直行业、大数据及数据服

---

① 占比加和不完全等于 100% 系数据四舍五入处理导致。

务、视觉、智能机器人领域，如图 4.17 所示。中国各垂直领域的人工智能企业同样集中，涉及医疗、零售、制造、教育和安防等领域。

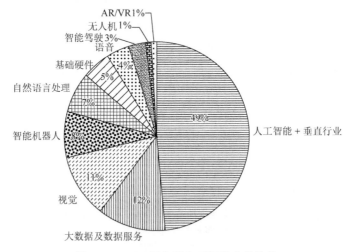

图 4.17　2018 年全球人工智能企业结构

AR 指增强现实（augmented reality）；VR 指虚拟现实（virtual reality）；占比加总超过 100% 系数据四舍五入处理所致

资料来源：中国信息通信研究院

1）人工智能+医疗

中国信息通信研究院监测平台数据显示，近几年，人工智能+医疗位列人工智能+垂直行业最热门的领域。从应用角度看，智能医疗主要包括医学研究、制药研发、智能诊疗及家庭健康管理等方面。据麦肯锡预测，到 2025 年，全球智能医疗行业市场规模将达到 254 亿美元，约占全球人工智能产业市场规模的 1/5。

在医学研究和制药研发领域，美国 BergHealth 与 Numerate 用数据驱动药物发现，vion 和 HBI Solution 为医疗机构提供患者疾病预测和风险分析。在智能诊疗领域，IBM Watson 深度聚焦肿瘤领域，并通过收购和合作不断积累医疗数据资源，扩展各领域生态能力。阿里巴巴的 Doctor You 系列产品、腾讯的觅影、依图科技的 care.ai 及 PereDoc 的智能影像辅助诊疗平台实现医学影像辅助诊疗，傅里叶智能的 Fourier X1 推出了中国首款外骨骼机器人。在家庭健康管理领域，WellTok 更关注个人健康管理和生活习惯提升，AiCure 致力于辅助用户按时用药，碳云智能打造数字生命健康管理平台。

2）人工智能+零售

国际市场研究与咨询机构 MarketsandMarkets 相关报告显示，全球智能零售行业市场规模从 2018 年的 130.7 亿美元增长到 2023 年的 385.1 亿美元。目前全球智能零售行业参与者以电商行业巨头与创业公司为主。落地场景仍以销售端为主。在无人零售实体店方面，美国有 Standard Cognition 的无人便利店及亚马逊的 Amazon Go 等，中国有阿里巴巴的淘咖啡及京东的 X 无人超市，同时有深兰科技、F5 未来商店、缤果盒子等著名创业公司的相关产品。在客户服务机器人方面，中国猎豹移动的豹小贩零售机器人、擎朗智能的花生引领机器人、新松的松果 I 号促销导购机器人等都已在各落地场景应用。在智能零售供应链场景方面，美国联合包裹运送服务（United Parcel Service，UPS）公司在佛罗里达州测试了无人机送货；沃尔玛的"自提塔"正在全美大范围铺设；中国的美团点评推出无人配送开放平台；京东正在打造以无人配送站、无人仓"亚洲一号"及大型货运无人机"京鸿"等为一体的全生态智能零售物流体系。

3）人工智能+制造

国际市场调研机构 Market Research 相关数据显示，2017 年全球智能制造行业市场规模达到 2028.2 亿美元，2023 年全球智能制造行业市场规模达到 4790.1 亿美元，年复合增长率为 15.4%。前瞻产业研究院相关数据显示，2018～2023 年中国智能制造行业市场规模保持 11%左右的年复合增长率，2023 年达到 2.81 万亿元。

近年来，智能制造已成为各国产业升级的主战场，一些发达国家在这方面已远远走在前列，如德国菲尼克斯的智能车间、美国 C3IoT 的亚马逊云科技（Amazon Web Services，AWS）生态系统、美国哈雷戴维森的智能制造单元。在智能设备监控领域，德国 KONUX、法国 Scortex、日本 BrainsTechnology 等公司也进行了布局。一些中国企业也在进行智能工厂的建设，加大企业转型升级的力度，如埃斯顿的工业机器人智能工厂、广汽传祺的智能工厂、中车浦镇的数字化工厂等。在传统家电制造业领域，美的、海尔、格力等企业正在积极向智能制造模式建设转型。

2. 我国人工智能竞赛平台效果显现

近年来，中国企业开始重视并积极举办和参加人工智能挑战赛。在 2018 年召开的计算机视觉与模式识别（Computer Vision and Pattern Recognition，CVPR）国际会议上，百度自动驾驶平台 Apollo 和加利福尼亚大学伯克利分校联合举办了自动驾驶研讨会，并基于自动驾驶开源数据集 Apollo Scape 定义了多项挑战任务，其中，视觉领域独角兽企业旷视科技在自动驾驶竞赛（workshop on autonomous driving，WAD）中战胜英国深度思考（Deep Mind）公司，荣获第一名。在视频行为识别挑战赛中，中国企业同样表现不俗，包揽了前三名。在越来越多的人工智能国际顶级挑战赛中，来自中国的参赛企业和团队的表现优异，屡屡夺冠，预示着中国人工智能技术正在走向世界前列。

根据 Kaggle 发布的竞赛数据，截至 2018 年，正在进行的人工智能竞赛有 19 个，已经结束归档的人工智能竞赛达 275 个。竞赛内容涉及图像识别问题、语音识别问题、物体检测问题、分类问题及多种场景下的预测型问题等。不同竞赛类别的参赛队伍数量也不尽相同，热门竞赛的参赛队伍数量达到上万个，奖金池超过 100 万美元。

ImageNet 每年举办的大规模视觉识别挑战赛（ImageNet Large Scale Visual Recognition Challenge，ILSVRC）是计算机视觉领域开始较早和影响力较大的赛事。自 2010 年开始，每年举办一次，参赛程序会对物体和场景进行分类和检测。在对物体的分类准确度方面，从 2015 年起，最佳人工智能系统的分类准确度已经超过人类在 2017 年 ILSVRC 上的分类准确度（95%），达到 97.5%。

4.2.4 创新资源集聚力

1. 人工智能领域投融资规模不断扩大

全球资本市场对新一代人工智能产业的不同层级投入了不同的关注度，相比之前大量关注基础层，扎堆投资或收购与芯片、算法、模型相关企业的局面，新一代人工智能企业是否具备或准备形成相对合理的商业模式越来越重要。2018 年，全球新一代人工智能领域资本市场爆发，共发生 2183 起融资事件，虽相较 2017 年融资事件仅高 50 起，但总融资额高达 329 亿美元，接近 2017 年总融资额的 1.8 倍。中国人工智能领域投资额从 2014 年开始大幅增长，2018 年接近 1500 亿美元，以较快的速度超过了美国。

全球人工智能行业投资热点集中在人工智能+垂直行业、视觉、大数据及数据服务和智能机器人等领域，如图 4.18 所示。在各类人工智能+垂直行业中，最受资本青睐的领域有商业智能、智能医疗和智能金融等。

科创板的出台拓宽了高科技企业的融资及退出渠道。新一代信息技术领域是科创板六大重点支持领域之一，人工智能是其重点细分赛道，科创板的上市条件侧重企业的研发能力和技术实力，弱化了盈利要求，拓宽了高科技企业的融资及退出渠道。

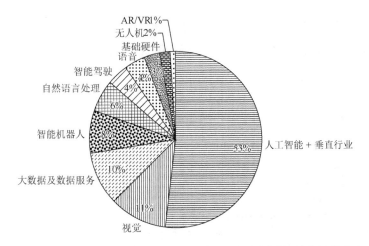

图 4.18　2013 年~2018 年第一季度全球人工智能领域投融资笔数分布

占比加总超过 100%系数据四舍五入处理所致

资料来源：中国信息通信研究院

2014~2018 年，布局人工智能赛道的投资机构数量不断攀升，年复合增长率为 39.4%，2018 年突破 1000 家，可见资本市场对人工智能领域十分关注，不断加紧人工智能赛道的布局。资本的推动为人工智能产业发展提供了资金支持。

智能医疗、视觉、商业智能及智能机器人领域自 2017 年第二季度以来持续保持较高的投资热度，尤其在第三季度达到高峰，随后略有回落。大数据及数据服务领域作为人工智能领域融资的常青树，与其他领域相比，近年来持续吸引了较多的资本投入，总体上也是获投笔数最多的领域。

2013 年以来,全球人工智能领域投融资热情持续高涨。如图 4.19 和图 4.20 所示, 2017 年全球人工智能总投融资额达到 395 亿美元，中国人工智能总投

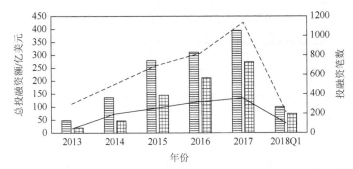

图 4.19　全球/中国人工智能领域投融资变化趋势

资料来源：中国信息通信研究院

融资额达到 277 亿美元，成为人工智能领域全球吸纳资本最多的国家；美国投融资笔数全球占比达 41.3%，是全球投融资最活跃的国家。

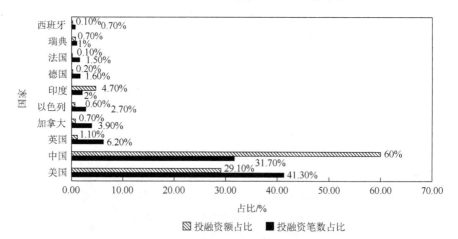

图 4.20　全球人工智能领域投融资国家分布（2013 年～2018 年第一季度）

资料来源：中国信息通信研究院

全球人工智能领域早期投资持续活跃，种子轮、天使轮、A 轮融资笔数合计占比为 70%左右。随着人工智能产业与技术的发展和成熟，B、C、D 轮融资笔数占比逐年增加，2017 年已达到 20%左右。如图 4.21 所示，对比中国、美国、英国、加拿大和印度五个国家人工智能种子轮、天使轮、A 轮融资笔数合计占比趋势发现，2017 年各国人工智能融资笔数合计占比均有下降，中国更是从 2016 年开始就呈现下降趋势，且下降明显。这些趋势意味着中国的人工智能产业从创业爆发阶段开始走向更成熟的发展阶段。

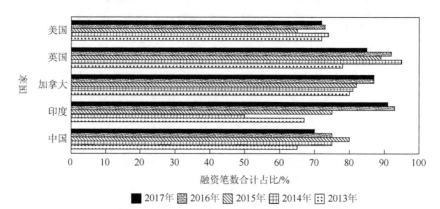

图 4.21　典型国家人工智能天使轮、种子轮、A 轮融资笔数合计占比

资料来源：中国信息通信研究院

2. 我国人工智能领域人才较为紧缺

美国从顶层设计入手，规划了比较完善的新一代人工智能发展战略，构建了完备的不同层次的人工智能人才梯队。领英发布的报告显示，截至2018 年，全球新一代人工智能领域专业技术人才数量超过 190 万人，其中来自美国的人才占比近 50%。美国新一代人工智能产业大量的核心顶尖人才资源掌握在高校和科技巨头企业手中。截至 2019 年，全球共有 367 所具有人工智能研究方向的高校，美国拥有 168 所高校，占比达 45.8%，位居全球第一，加拿大、中国、印度、英国位于第二梯队。美国的科技巨头专门设立新一代人工智能研发团队，面向产品和技术应用项目的团队不断涌现，同时不断挖掘国外的人工智能顶尖人才，谷歌、微软和元宇宙先后在加拿大多伦多大学、蒙特利尔大学成立新一代人工智能实验室或办事处。

从数量统计来看，我国人工智能领域技术人才与发达国家相比还有不小的差距，尤其是相比于美国人工智能领域近 85 万人的技术人才数量，我国人工智能领域技术人才数量仅占美国的 1/17，占印度、英国的也只有1/3 左右。

3. 我国人工智能企业数量不断增加

根据中国信息通信研究院数据研究监测平台实时监测的数据，截至2018 年上半年，在全球范围内共监测到 4998 家人工智能企业。其中，美国的人工智能企业数量居全球首位，为 2039 家，中国的人工智能企业数量为 1040 家，居全球第二位，如图 4.22 所示。

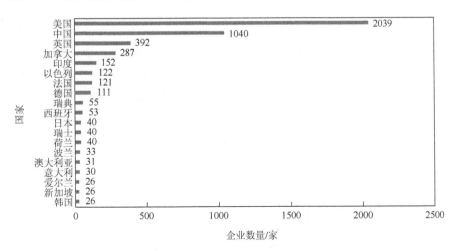

图 4.22　全球人工智能企业国家分布
资料来源：中国信息通信研究院

从城市维度来看，全球人工智能企业数量排名 TOP20 的城市中，美国占 9 个，中国占 4 个，加拿大占 3 个，英国、德国、法国和以色列各占 1 个。其中，北京成为全球人工智能企业数量最多的城市，有 412 家企业。其次是旧金山和伦敦，分别有 289 家和 275 家。上海、深圳和杭州的人工智能企业数量也进入全球 TOP20，如图 4.23 所示。

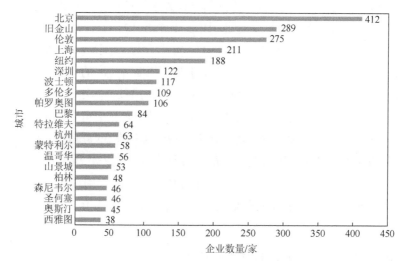

图 4.23   2018 年全球人工智能企业数量 TOP20 城市
资料来源：中国信息通信研究院

中国人工智能企业主要集中北京、上海和广东三省市，北京高居榜首，上海和广东紧随其后。除此之外，浙江和江苏两省也聚集了较多的人工智能企业。

中国人工智能企业众多、应用广泛。2018 年，中国专注于人工智能领域的企业数量已达 1000 余家，位居全球第二，并且仍在快速增长。此外，在快速发展的数字经济环境和庞大的人工智能用户面前，不仅软件、互联网企业是人工智能市场的主要参与者，传统工业、金融业、服务业也加速参与人工智能的实践进程中。2018 年，我国新一代人工智能应用层产业规模达到 42.4 亿美元，随着我国新一代人工智能应用层企业由过去的输出技术模式逐步转变为全产业链的渗透和场景的革新优化模式，2022 年，我国新一代人工智能应用层产业规模达到 161 亿美元。

4.2.5 创新创业环境支撑力

1. 人工智能领域数据规模较为丰富

数据是新一轮人工智能的发展需要具备的三大核心要素之一，丰富的市场数据量为人工智能应用的深化实践提供了基础条件。随着我国迈入数字经济时代，互联网、云计算、大数据等现代信息技术在各领域持续深入应用，已积累了大量的消费级数据和企业级数据。互联网数据中心（Internet Data Center，IDC）、希捷统计数据显示，2018 年中国数据总量占全球数据总量的 23.4%，为 7.6ZB（$1ZB \approx 10^{12}GB$），预计到 2025 年将增至 48.6ZB，届时将占全球数据总量的 27.8%。

2. 人工智能产业政策成为重要抓手

当前，人工智能已经成为各国创新技术竞争的焦点领域，包括中国在内的全球诸多国家将人工智能列入国家科技战略部署序列。中国、美国、英国、德国、俄罗斯、日本、韩国、印度等主要国家在 2016～2019 年密集发布人工智能专项政策及行动规划，引导、推动人工智能产业的发展已成为全球经济共同体的重要共识。

美国 2019 年全新发布的《国家人工智能研发战略规划（2019 年更新）》（*National Artificial Intelligence Research and Development Strategic Plan: 2019 Update*）显示，美国未来将会持续关注并投资基础人工智能研究、补充和增强人类能力的人工智能系统、人工智能伦理道德、人工智能系统的安全和健康性等方面的研究和探索。

英国政府、高校、企业形成的良性生态系统保障了英国始终处于全球人工智能创新的核心地带。在全球领先的创新环境下，英国政府着力布局和探索人工智能与生命医学、服务业、农业及政府公共服务等领域相结合的创新解决方案，致力发展人工智能与数据驱动型经济。

德国政府在其人工智能战略中明确区分了强人工智能和弱人工智能，并将未来的战略方向聚焦弱人工智能，主要瞄向机器证明和自动推理、基于知识的系统、模式识别与分析、机器人技术和智能多模态人机交互五个研究领域。

我国多部委联动，顶层设计人工智能发展规划，凝聚政策优势。人工智能是引领这一轮科技革命和产业变革的战略性技术，具有溢出带动性很强的"头雁效应"。加快发展新一代人工智能是我国赢得全球科技竞争主动权的重要战略抓手，是推动我国科技跨越发展、产业优化升级、生产力整体跃升的重要战略资源。在此宏观背景下，2016 年 5 月，国家发展改革委、科技部、工业和信息化部、中央网信办联合印发了《"互联网+"人工智能三年行动实施方案》；2017 年 7 月，国务院印发了《新一代人工智能发展规划》；2017 年 12 月，工业和信息化部印发了《促进新一代人工智能产业发展三年行动计划（2018—2020 年）》。在中央顶层制度设计的基础上，各地方政府根据各区域产业发展实际需求，纷纷出台了相应的产业发展规划与政策指导意见，为人工智能产业发展提供了良好的社会政策环境。

4.3   我国各省区市人工智能产业创新策源能力比较

人工智能产业创新策源能力是以人工智能产业创新生态系统为载体，由基础研究影响力、核心技术引领力、应用场景拉动力、创新资源集聚力和创新创业环境支撑力五个子能力通过互动有机组成的能力系统。本书在人工智能产业创新策源能力形成机理分析及评价模型构建的基础上，利用全国 31 个省区市（不涉及港澳台）的统计数据，运用 TOPSIS 对我国人工智能产业创新策源能力进行定量测算，进一步明确我国人工智能产业创新策源能力的现实水平，进而利用 SOM 聚类方法对我国人工智能产业创新策源能力的评价结果展开比较研究，并以各省区市间的能力差异为参照，具体分析我国人工智能产业创新策源能力发展的优势与短板。

4.3.1   数据收集及无量纲化处理

1. 样本选取

不同省区市的经济发展、基础研究及技术水平存在差异，其人工智能产业创新策源能力和发展特点也各有不同（陈劲和阳银娟，2012）。为明晰我国人工智能产业创新策源能力的现实水平，本书基于人工智能产业创新策源能力评价指标体系，选取 31 个省区市人工智能产业为评价对象，从基础研究影响力、核心技术引领力、应用场景拉动力、创新资源集聚力和创新创业环境支撑力五个子能力入手，具体使用 31 个省区市 2010～2019 年的统计数据，对 22 个详细指标进行数据收集，以获得后续实证分析所需的有效数据。

2. 数据来源及选取

人工智能产业创新策源能力评价指标体系由基础研究影响力、核心技术引领力、应用场景拉动力、创新资源集聚力、创新创业环境支撑力五个维度，共 22 个二级指标组成，各指标数据详见附录 1。其中，原始统计数据大部分来源于正式出版的各类统计年鉴及统计公报，主要有《中国统计年鉴》《中国科技统计年鉴》《中国高技术产业统计年鉴》《全国科技经费投入统计公报》等，还有一部分数据来源于各类权威的出版刊物和数据库，主要有《中国数字经济产业发展指数报告》《中国地方政府数据开放报告》，以及 IT 桔子数据库等，且同类指标数据的来源相同，保证人工智能产业创新策源能力评价过程的准确性和合理性。

3．数据的无量纲化处理

依据人工智能产业创新策源能力评价指标体系所收集的原始数据具有不同的量纲，必须对其进行无量纲化处理，才能进一步用于运算。本书采用极值处理法进行指标原始数据的无量纲化处理，并形成规范化矩阵，其处理方法见式（3-8）。

4.3.2　各省区市人工智能产业创新策源能力的测评

1．主观权重确定

通过前面形成机理研究发现，基础研究影响力、核心技术引领力、应用场景拉动力、创新资源集聚力及创新创业环境支撑力五个子能力对人工智能产业创新策源能力形成过程的重要程度存在差异。因此，本书采用 AHP 分析各指标对人工智能产业创新策源能力的重要性，从而得出评价指标体系的主观权重。其中，人工智能产业创新策源能力评价模型的准则层共有 5 个因素，指标层则由 22 个因素组成，如图 4.24 所示。

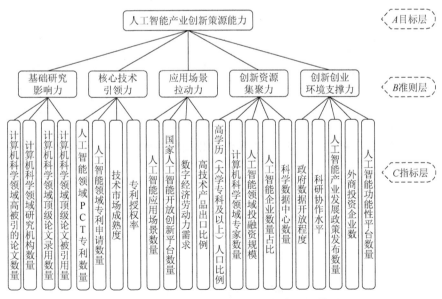

图 4.24　人工智能产业创新策源能力评价模型

1）构造判断矩阵

根据前面所构建的人工智能产业创新策源能力评价指标体系和层次

结构模型,目标层与准则层为一个判断矩阵,准则层与所属的二级指标各构成一个判断矩阵,通过两两比较各指标间的重要性关系,得到六个指标判断矩阵,如表 4.2 和表 4.3 所示。

表 4.2 目标层-准则层判断矩阵

目标层 A	基础研究影响力 B_1	核心技术引领力 B_2	应用场景拉动力 B_3	创新资源集聚力 B_4	创新创业环境支撑力 B_5
基础研究影响力 B_1	1	2	2	2	2
核心技术引领力 B_2	1/2	1	2	2	2
应用场景拉动力 B_3	1/2	1/2	1	1/2	2
创新资源集聚力 B_4	1/2	1/2	2	1	1
创新创业环境支撑力 B_5	1/2	1/2	1/2	1	1

表 4.3 创新资源集聚力判断矩阵 B_4-C

创新资源集聚力 B_4	高学历(大学专科及以上)人口比例 C_{13}	计算机科学领域专家数量 C_{14}	人工智能领域投融资规模 C_{15}	人工智能企业数量占比 C_{16}	科学数据中心数量 C_{17}
高学历(大学专科及以上)人口比例 C_{13}	1	1/2	1/5	1/3	2
计算机科学领域专家数量 C_{14}	2	1	1/3	1/3	5
人工智能领域投融资规模 C_{15}	5	3	1	3	5
人工智能企业数量占比 C_{16}	3	3	1/3	1	4
科学数据中心数量 C_{17}	1/2	1/2	1/5	1/4	1

由于篇幅限制,各指标判断矩阵在此未一一列出,其余指标判断矩阵参见附录 2。

2)一致性检验及主观权重计算

由 AHP 的特征向量法可知,依据判断矩阵得出最大特征值 λ_{max},并按式(3-5)和式(3-6)进一步求出一致性指标 CI 和一致性比率 CR,判断矩阵的一致性检验结果见表 4.4。

表 4.4 一致性检验结果

类别	λ_{max}	n	RI	CR	一致性检验
目标层-准则层	5.1363	5	1.12	0.0304	通过
基础研究影响力 B_1-C	4.2191	4	0.89	0.0821	通过

类别	λ_{max}	n	RI	CR	一致性检验
核心技术引领力 B_2-C	4.0343	4	0.89	0.0129	通过
应用场景拉动力 B_3-C	4.0608	4	0.89	0.0228	通过
创新资源集聚力 B_4-C	5.1694	5	1.12	0.0378	通过
创新创业环境支撑力 B_5-C	5.2960	5	1.12	0.0661	通过

由表4.4可知，各指标判断矩阵一致性比率CR<0.1，均具有良好的一致性且通过检验。

对上述矩阵的权重进行整合，根据式（3-2）和式（3-3），运用方根法求得所有一级指标与二级指标权重，从而得到人工智能产业创新策源能力评价指标的主观权重，如表4.5所示。

表4.5　人工智能产业创新策源能力评价指标主观权重

评价指标	主观权重	评价指标	主观权重
计算机科学领域高被引的论文数量 C_1	0.0611	高技术产品出口比例 C_{12}	0.0187
计算机科学领域研究机构数量 C_2	0.0347	高学历(大学专科及以上)人口比例 C_{13}	0.0112
计算机科学领域顶级论文录用数量 C_3	0.0729	计算机科学领域专家数量 C_{14}	0.0164
计算机科学领域顶级论文被引用量 C_4	0.1536	人工智能领域投融资规模 C_{15}	0.0553
人工智能领域PCT专利数量 C_5	0.1282	人工智能企业数量占比 C_{16}	0.0314
人工智能领域专利申请数量 C_6	0.0501	科学数据中心数量 C_{17}	0.0079
技术市场成熟度 C_7	0.0446	政府数据开放程度 C_{18}	0.0137
专利授权率 C_8	0.0215	科研协作水平 C_{19}	0.0087
人工智能应用场景数量 C_9	0.0461	人工智能产业发展政策发布数量 C_{20}	0.0537
国家人工智能开放创新平台数量 C_{10}	0.0461	外商投资企业数 C_{21}	0.0096
数字经济劳动力需求 C_{11}	0.0780	人工智能功能性平台数量 C_{22}	0.0366

注：权重加和不完全等于1.0000系数据四舍五入处理所致。

2. 客观权重确定

1）原始数据矩阵规范化处理

依据前面所构建的人工智能产业创新策源能力评价模型，对原始统计数据进行规范化处理，以便于数据的测算分析。根据式（3-8）对附录1中各省区市人工智能产业创新策源能力评价指标原始数据矩阵进行规范化处理。经过规范化处理之后的矩阵为

$$X = \{x_{ij}\}_{31 \times 22} = \begin{bmatrix} 1.0000 & 1.0000 & 1.0000 & 1.0000 & 0.4008 & \cdots & \cdots & \cdots & 0.7733 & 0.5750 & 0.6000 & 0.1877 & 1.0000 \\ 0.3631 & 0.4000 & 0.2731 & 0.2208 & 0.0871 & & & \cdots & 1.0000 & 0.5545 & 1.0000 & 0.5099 & 0.4049 \\ 0.1120 & 0.1000 & 0.0564 & 0.0405 & 0.1112 & & & \cdots & 0.7136 & 0.5751 & 0.6000 & 0.0868 & 0.0261 \\ 0.0620 & 0 & 0.0197 & 0.0109 & 0.0029 & & & \cdots & 0 & 0.4028 & 0 & 0.0353 & 0.0052 \\ 0.0363 & 0 & 0.0158 & 0.0045 & 0.0035 & & & \cdots & 0 & 0.5105 & 0.2000 & 0.0468 & 0 \\ \vdots & \vdots & \vdots & \vdots & \vdots & & & & \vdots & \vdots & \vdots & \vdots & \vdots \\ \vdots & \vdots & \vdots & \vdots & \vdots & & & & \vdots & \vdots & \vdots & \vdots & \vdots \\ 0.0045 & 0 & 0.0002 & 0 & 0.0006 & & & \cdots & 0.4076 & 0.5825 & 0 & 0.0029 & 0 \\ 0.0091 & 0 & 0.0007 & 0.0007 & 0.0003 & & & \cdots & 0 & 0.7332 & 0 & 0.0082 & 0 \\ 0.1649 & 0 & 0.0745 & 0.0485 & 0.0115 & \cdots & \cdots & \cdots & 0 & 0.6374 & 0.2000 & 0.0717 & 0.0521 \\ 0.0151 & 0 & 0.0053 & 0.0013 & 0.0023 & \cdots & \cdots & \cdots & 0 & 0.5681 & 0 & 0.0239 & 0 \\ 0.0091 & 0 & 0.0012 & 0.0040 & 0.0035 & \cdots & \cdots & \cdots & 0.9781 & 0.6071 & 0.2000 & 0.0095 & 0.0009 \end{bmatrix}$$

2）计算指标熵值及效用值

指标熵值表示评价指标所包含的信息量，而指标效用值与指标熵值呈反向关系，即指标熵值越小，指标对评价对象的人工智能产业创新策源能力的测评效果越好。根据式（3-10）～式（3-12），由规范化矩阵求得指标熵值和效用值，如表 4.6 所示。

表 4.6　指标熵值及效用值

评价指标	指标熵值 e_j	指标效用值 g_j
计算机科学领域高被引的论文数量 C_1	0.7965	0.2035
计算机科学领域研究机构数量 C_2	0.6514	0.3486
计算机科学领域顶级论文录用数量 C_3	0.6831	0.3169
计算机科学领域顶级论文被引用量 C_4	0.6501	0.3499
人工智能领域 PCT 专利数量 C_5	0.4439	0.5561
人工智能领域专利申请数量 C_6	0.8009	0.1991
技术市场成熟度 C_7	0.7342	0.2658
专利授权率 C_8	0.9795	0.0205
人工智能应用场景数量 C_9	0.3892	0.6108
国家人工智能开放创新平台数量 C_{10}	0.4333	0.5667
数字经济劳动力需求 C_{11}	0.8712	0.1288
高技术产品出口比例 C_{12}	0.8882	0.1118
高学历（大学专科及以上）人口比例 C_{13}	0.9096	0.0904
计算机科学领域专家数量 C_{14}	0.5434	0.4566
人工智能领域投融资规模 C_{15}	0.4314	0.5686
人工智能企业数量占比 C_{16}	0.9190	0.0810
科学数据中心数量 C_{17}	0.3675	0.6325
政府数据开放程度 C_{18}	0.7328	0.2672

续表

评价指标	指标熵值 e_j	指标效用值 g_j
科研协作水平 C_{19}	0.9861	0.0139
人工智能产业发展政策发布数量 C_{20}	0.7749	0.2251
外商投资企业数 C_{21}	0.7362	0.2638
人工智能功能性平台数量 C_{22}	0.5143	0.4857

3）计算指标客观权重

根据由规范化矩阵所求得的指标熵值和效用值，由式（3-13）计算获得人工智能产业创新策源能力评价指标体系的客观权重，如表4.7所示。

表 4.7　人工智能产业创新策源能力评价指标客观权重

评价指标	客观权重	评价指标	客观权重
计算机科学领域高被引的论文数量 C_1	0.0301	高技术产品出口比例 C_{12}	0.0165
计算机科学领域研究机构数量 C_2	0.0515	高学历（大学专科及以上）人口比例 C_{13}	0.0134
计算机科学领域顶级论文录用数量 C_3	0.0468	计算机科学领域专家数量 C_{14}	0.0675
计算机科学领域顶级论文被引用量 C_4	0.0517	人工智能领域投融资规模 C_{15}	0.0841
人工智能领域 PCT 专利数量 C_5	0.0822	人工智能企业数量占比 C_{16}	0.0120
人工智能领域专利申请数量 C_6	0.0294	科学数据中心数量 C_{17}	0.0935
技术市场成熟度 C_7	0.0393	政府数据开放程度 C_{18}	0.0395
专利授权率 C_8	0.0030	科研协作水平 C_{19}	0.0021
人工智能应用场景数量 C_9	0.0903	人工智能产业发展政策发布数量 C_{20}	0.0333
国家人工智能开放创新平台数量 C_{10}	0.0838	外商投资企业数 C_{21}	0.0390
数字经济劳动力需求 C_{11}	0.0190	人工智能功能性平台数量 C_{22}	0.0718

注：权重加和不完全等于 1.0000 系数据四舍五入处理所致。

3. 主客观权重综合赋权

无论是基于 AHP 确定的主观权重还是基于熵值法确定的客观权重，都存在一定的局限性。为了能得出更为合理准确的人工智能产业创新策源能力评价指标体系权重，本书采用主客观权重综合赋权的方式得到指标的综合权重。根据前面所建立的人工智能产业创新策源能力评价模型，为了得到合理的综合权重并保证偏差平方和最小，选取的主观权重偏好系数和客观权重偏好系数均为 0.5，根据式（3-14）得到综合权重，如表4.8所示。

表 4.8　人工智能产业创新策源能力评价指标体系综合权重

一级指标	二级指标	一级指标综合权重	主观权重	客观权重	二级指标综合权重
基础研究影响力	计算机科学领域高被引的论文数量 C_1	0.2513	0.0611	0.0301	0.0456
	计算机科学领域研究机构数量 C_2		0.0347	0.0515	0.0431
	计算机科学领域顶级论文录用数量 C_3		0.0729	0.0468	0.0599
	计算机科学领域顶级论文被引用量 C_4		0.1536	0.0517	0.1027
核心技术引领力	人工智能领域 PCT 专利数量 C_5	0.1992	0.1282	0.0822	0.1052
	人工智能领域专利申请数量 C_6		0.0501	0.0294	0.0398
	技术市场成熟度 C_7		0.0446	0.0393	0.0420
	专利授权率 C_8		0.0215	0.0030	0.0123
应用场景拉动力	人工智能应用场景数量 C_9	0.1993	0.0461	0.0903	0.0682
	国家人工智能开放创新平台数量 C_{10}		0.0461	0.0838	0.0649
	数字经济劳动力需求 C_{11}		0.0780	0.0190	0.0485
	高技术产品出口比例 C_{12}		0.0187	0.0165	0.0176
创新资源集聚力	高学历（大学专科及以上）人口比例 C_{13}	0.1963	0.0112	0.0134	0.0123
	计算机科学领域专家数量 C_{14}		0.0164	0.0675	0.0420
	人工智能领域投融资规模 C_{15}		0.0553	0.0841	0.0697
	人工智能企业数量占比 C_{16}		0.0314	0.0120	0.0217
	科学数据中心数量 C_{17}		0.0079	0.0935	0.0507
创新创业环境支撑力	政府数据开放程度 C_{18}	0.1540	0.0137	0.0395	0.0266
	科研协作水平 C_{19}		0.0087	0.0021	0.0054
	人工智能产业发展政策发布数量 C_{20}		0.0537	0.0333	0.0435
	外商投资企业数 C_{21}		0.0096	0.0390	0.0243
	人工智能功能性平台数量 C_{22}		0.0366	0.0718	0.0542

注：权重加和不完全等于 1.0000 系数据四舍五入处理所致。

通过表 4.8 所示的综合权重可以发现，在人工智能产业创新策源能力五个子能力中，基础研究影响力的影响程度最大，其次是应用场景拉动力和核心技术引领力，有效体现了人工智能产业创新策源的特点和理念。从二级指标对一级指标的影响来看，计算机科学领域顶级论文被引用量对基础研究影响力最为重要；人工智能领域 PCT 专利数量对核心技术引领力的影响最大；人工智能应用场景数量和国家人工智能开放创新平台数量是应用场景拉动力的关键影响因子；人工智能领域投融资规模可以较大程度地决定创新资源集聚力的强弱，其次是科学数据中心数量和计算机科学领域专家数量；科研协作水平对创新创业环境支撑力的影响不明显。

4. 人工智能产业创新策源能力综合评价

根据式（3-15），由所求得的规范化矩阵 X 与评价指标体系各指标综合权重相乘，可得到加权决策矩阵：

$$Z = (z_{ij})_{31 \times 22} = \begin{bmatrix} 0.0456 & 0.0431 & 0.0599 & \cdots & \cdots & \cdots & 0.0250 & 0.0046 & 0.0542 \\ 0.0166 & 0.0172 & 0.0163 & & & & 0.0241 & 0.0124 & 0.0219 \\ 0.0051 & 0.0043 & 0.0034 & & & & 0.0250 & 0.0021 & 0.0014 \\ \vdots & \vdots & \vdots & & & & \vdots & \vdots & \vdots \\ \vdots & \vdots & \vdots & & & & \vdots & \vdots & \vdots \\ \vdots & \vdots & \vdots & & & & \vdots & \vdots & \vdots \\ 0.0075 & 0 & 0.0045 & \cdots & \cdots & \cdots & 0.0277 & 0.0017 & 0.0028 \\ 0.0007 & 0 & 0.0003 & \cdots & \cdots & \cdots & 0.0247 & 0.0006 & 0 \\ 0.0004 & 0 & 0.0001 & \cdots & \cdots & \cdots & 0.0264 & 0.0002 & 0 \end{bmatrix}$$

根据式（3-16），依据评价指标的指标属性进一步确定加权决策矩阵各指标正、负理想解，如表 4.9 所示。

表 4.9　人工智能产业创新策源能力评价指标正、负理想解

一级指标	二级指标	正理想解	负理想解
基础研究影响力	计算机科学领域高被引的论文数量 C_1	0.0456	0
	计算机科学领域研究机构数量 C_2	0.0431	0
	计算机科学领域顶级论文录用数量 C_3	0.0599	0
	计算机科学领域顶级论文被引用量 C_4	0.1027	0
核心技术引领力	人工智能领域 PCT 专利数量 C_5	0.1052	0
	人工智能领域专利申请数量 C_6	0.0398	0
	技术市场成熟度 C_7	0.0420	0
	专利授权率 C_8	0.0123	0
应用场景拉动力	人工智能应用场景数量 C_9	0.0682	0
	国家人工智能开放创新平台数量 C_{10}	0.0649	0
	数字经济劳动力需求 C_{11}	0.0485	0
	高技术产品出口比例 C_{12}	0.0176	0
创新资源集聚力	高学历（大学专科及以上）人口比例 C_{13}	0.0123	0
	计算机科学领域专家数量 C_{14}	0.0420	0
	人工智能领域投融资规模 C_{15}	0.0697	0
	人工智能企业数量占比 C_{16}	0.0217	0
	科学数据中心数量 C_{17}	0.0507	0

续表

一级指标	二级指标	正理想解	负理想解
	政府数据开放程度 C_{18}	0.0266	0
	科研协作水平 C_{19}	0.0054	0
创新创业环境支撑力	人工智能产业发展政策发布数量 C_{20}	0.0435	0
	外商投资企业数 C_{21}	0.0243	0
	人工智能功能性平台数量 C_{22}	0.0542	0

　　根据式（3-17），通过计算加权决策矩阵 Z 中各省区市数据到正、负理想方案间的欧几里得距离 S_i^+、S_i^-；根据式（3-18），得出各省区市人工智能产业创新策源能力的相对贴近度并排序。基于 TOPSIS 所求得的相对贴近度代表各省区市人工智能产业创新策源能力的强弱，评价结果如表 4.10 所示。

表4.10　各省区市人工智能产业创新策源能力相对贴近度及排序

省区市	S_i^+	S_i^-	C_i	排名	省区市	S_i^+	S_i^-	C_i	排名
北京	0.0758	0.2162	0.7404	1	新疆	0.2393	0.0352	0.1281	17
广东	0.1494	0.1458	0.4938	2	河南	0.2372	0.0342	0.1260	18
上海	0.1758	0.0952	0.3513	3	海南	0.2398	0.0333	0.1218	19
浙江	0.2038	0.0594	0.2257	4	宁夏	0.2376	0.0326	0.1207	20
江苏	0.2085	0.0539	0.2053	5	辽宁	0.2312	0.0317	0.1207	20
陕西	0.2176	0.0484	0.1820	6	河北	0.2367	0.0320	0.1190	22
安徽	0.2189	0.0434	0.1655	7	青海	0.2389	0.0312	0.1155	23
湖北	0.2226	0.0412	0.1562	8	甘肃	0.2381	0.0301	0.1122	24
广西	0.2397	0.0442	0.1556	9	重庆	0.2350	0.0291	0.1101	25
福建	0.2303	0.0403	0.1489	10	黑龙江	0.2330	0.0287	0.1095	26
天津	0.2272	0.0388	0.1458	11	内蒙古	0.2406	0.0294	0.1090	27
湖南	0.2304	0.0390	0.1447	12	云南	0.2403	0.0270	0.1012	28
贵州	0.2381	0.0389	0.1403	13	江西	0.2395	0.0257	0.0968	29
山东	0.2289	0.0371	0.1394	14	吉林	0.2376	0.0242	0.0923	30
山西	0.2381	0.0385	0.1392	15	西藏	0.2450	0.0054	0.0217	31
四川	0.2302	0.0372	0.1392	15					

　　从表 4.10 所示的相对贴近度排名可以看出，北京和广东的人工智能产业具有领先的创新策源能力，上海和浙江在人工智能产业领域也显示了较强的创新策源能力，但与领先的北京存在一定的差距，江西、吉林和西藏则在人工智能产业创新策源能力评价中处于落后地位。

4.3.3　各省区市人工智能产业创新策源能力测评结果的比较分析

根据人工智能产业创新策源能力评价模型得出评价结果之后，应当基于所得到的人工智能产业创新策源能力评价结果进行深入详细的分析。本书采用 SOM 聚类方法对各省区市人工智能产业创新策源能力进行分类，以确定其能力等级，有利于验证 TOPSIS 评价结果排序的可靠性，并摸清各省区市人工智能产业创新策源能力的优势和短板，从而发现提升区域人工智能产业创新策源能力的信息（周成和魏红芹，2019），为我国人工智能产业创新策源能力推进路径及其配套对策建议的提出提供理论依据。

SOM 聚类方法在多元统计分析中有着广泛的应用，其相比于传统的聚类方法，具有对处理目标更好的适应能力和聚类能力，可以有效处理分类界限不清晰的问题（闫春和刘璐，2020）。本书运用 SOM 聚类方法对评价结果进行分类，体现了各省区市人工智能产业创新策源能力的差异，进一步分析明确我国提升人工智能产业创新策源能力的瓶颈和突破口。

1. SOM 聚类方法的基本步骤

假设输入层的输入样本是一个 n 维向量，则输入层神经元数量为 n 个，样本向量为 $X = [x_1, x_2, \cdots, x_n]$；竞争层具有的 m 个神经元以矩阵形式排列在二维空间内，而每个神经元具有一个权重向量，共有 m 个权重向量，则权重向量 $W_i = [w_{i1}, w_{i2}, \cdots, w_{im}]$ $(1 \leqslant i \leqslant m)$。

（1）使用较小的随机值将 SOM 聚类方法的权重初始化，并通过计算欧几里得范数对样本和权重向量进行归一化处理：

$$X' = \frac{X}{\|X\|} \qquad (4\text{-}1)$$

$$W'_i = \frac{W_i}{\|W_i\|} \qquad (4\text{-}2)$$

其中，$\|X\|$ 为样本向量的欧几里得范数；$\|W_i\|$ 为权重向量的欧几里得范数。

（2）将样本输入 SOM，计算输入样本与权重向量的欧几里得距离，其中，距离数值最小的神经元赢得竞争，即 t 时刻的最优获胜节点，计算方法如下：

$$n_j(t) = \sum_i \left[w_{ij}(t) - x_i(t) \right]^2 \qquad (4\text{-}3)$$

$$n_j^* = \min(n_j) \qquad (4\text{-}4)$$

（3）对最优获胜节点及其邻域内的节点连接权重进行更新，并对学习后的权重进行重新归一化，更新学习速率 η 和邻域半径 n（杜爽和刘刚，2020），计算方法如下：

$$w_{ij}(t+1) = w_{ij}(t) + \eta(t,n)\left[x_i - w_{ij}(t)\right] \qquad (4\text{-}5)$$

$$\eta(t,n) = \eta(t)\mathrm{e}^{-n} \qquad (4\text{-}6)$$

其中，$\eta(t,n)$ 为学习速率，随着时间的增加而减小并逐渐趋近零。因此，本书选取迭代次数 t 的倒数作为学习速率 $\eta(t)$ 和邻域半径 $n(t)$ 的数值。

（4）判断迭代次数是否达到预设值，若达到，则过程结束。在开展评价结果聚类分析之前，还需要考察模型运行收敛性（Karaca and Camci，2010）。基于聚类结果开展分析，以实现对各省区市人工智能产业创新策源能力的分类，从而明确区域人工智能产业创新策源能力，为有针对性地提出提升人工智能产业创新策源能力的对策体系提供依据。

2. SOM 聚类方法在人工智能产业创新策源能力评价结果分析中的应用

1）确定样本

为了保证分类结果的客观性和科学性，选取各省区市人工智能产业创新策源能力标准化数据及相对贴近度作为样本，形成 SOM 聚类分析的输入样本 X：

$$X = [x_1, x_2, \cdots, x_{23}] = \begin{bmatrix} 1.0000 & 1.0000 & 1.0000 & 1.0000 & 0.4008 & \cdots & \cdots & 0.5750 & 0.6000 & 0.1877 & 1.0000 & 0.7404 \\ 0.3631 & 0.4000 & 0.2731 & 0.2208 & 0.0871 & \cdots & \cdots & 0.5545 & 1.0000 & 0.5099 & 0.4049 & 0.3513 \\ 0.1120 & 0.1000 & 0.0564 & 0.0405 & 0.1112 & \cdots & \cdots & 0.5751 & 0.6000 & 0.0868 & 0.0261 & 0.1458 \\ 0.0620 & 0 & 0.0197 & 0.0109 & 0.0029 & \cdots & \cdots & 0.4028 & 0 & 0.0353 & 0.0052 & 0.1101 \\ 0.0363 & 0 & 0.0158 & 0.0045 & 0.0035 & \cdots & \cdots & 0.5105 & 0.2000 & 0.0468 & 0 & 0.1190 \\ \vdots & \vdots & \vdots & \vdots & \vdots & & & \vdots & \vdots & \vdots & \vdots & \vdots \\ 0.0045 & 0 & 0.0002 & 0 & 0.0006 & \cdots & \cdots & 0.5825 & 0 & 0.0029 & 0 & 0.1207 \\ 0.0091 & 0 & 0.0007 & 0.0007 & 0.0003 & \cdots & \cdots & 0.7332 & 0 & 0.0082 & 0 & 0.1282 \\ 0.1649 & 0 & 0.0745 & 0.0485 & 0.0115 & \cdots & \cdots & 0.6374 & 0.2000 & 0.0717 & 0.0521 & 0.1392 \\ 0.0151 & 0 & 0.0053 & 0.0013 & 0.0023 & \cdots & \cdots & 0.5681 & 0 & 0.0239 & 0 & 0.1012 \\ 0.0091 & 0 & 0.0012 & 0.0040 & 0.0035 & \cdots & \cdots & 0.6071 & 0.2000 & 0.0095 & 0.0009 & 0.1403 \end{bmatrix}$$

2）构造数学模型

根据 SOM 聚类方法的基本步骤及各省区市人工智能产业创新策源能力测评数据，在模型循环运算中发现，当分类数为 5 时，结果比较合理。因此，将模型中的输入层节点数量均设为 23，而输出层节点数量设为 5。同时，根据样本的特点和评价结果聚类的要求，选取如下相关参数：学习速率初始值 $\eta(0) = 0.3$，邻域半径初始值 $N(0) = 2$，迭代次数 $T = 4000$。由 SOM 聚类方法所得的分类结果如表 4.11 所示。

表 4.11　人工智能产业创新策源能力分类结果

能力强	能力较强	能力一般	能力较弱	能力弱
北京	江苏	福建	河南	黑龙江
广东	陕西	天津	山西	吉林
上海	安徽	广西	重庆	辽宁
浙江	湖北	贵州	海南	内蒙古
	四川	山东	江西	青海
		湖南	宁夏	甘肃
			河北	云南
			新疆	西藏

　　经过 Python 程序计算模型可得到 SOM 聚类结果,详细程序代码参见附录 2。利用 SOM 聚类方法将各省区市人工智能产业创新策源能力评价结果分类为人工智能产业创新策源能力强、较强、一般、较弱和弱五类,其中,人工智能产业创新策源能力强的省区市包含北京、广东、上海和浙江,均集中在东部沿海地区,这些省市具有企业集聚、财政支持和人才吸引等方面的优势,因此表现了很强的人工智能产业创新策源能力;人工智能产业创新策源能力较强和一般的省区市以江苏和贵州为代表,这些省区市在数字产业发展方面具有较好的基础和政策支持,并在人工智能产业领域具有一定的科技创新成果;人工智能产业创新策源能力较弱和弱的省区市包括以老工业基地为主和以农业为主的省区,如黑龙江、吉林、辽宁和西藏等,由于营商环境和基础设施欠缺,传统支柱产业面临转型升级,且人工智能产业基础不足,因此,其人工智能产业创新策源能力较为薄弱。

4.4　本 章 小 结

　　在构建人工智能产业创新策源能力评价指标体系的基础上,本章首先分析了我国目前新一代人工智能产业蓬勃发展的良好态势,总结了我国出台的多项推动人工智能产业创新发展的政策法规及人工智能产业多头并进的发展现状;然后从基础研究影响力、核心技术引领力、应用场景拉动力、创新资源集聚力、创新创业环境支撑力五个维度对我国人工智能产业创新策源能力进行评价;最后在人工智能产业创新策源能力形成机理分析及评价模型构建的基础上,利用全国 31 个省区市的统计数据,运用TOPSIS 对我国人工智能产业创新策源能力进行定量测算,进一步明确我国人工智能产业创新策源能力的现实水平。比较结果发现,各省区市评价结果分类为人工智能产业创新策源能力强、较强、一般、较弱和弱五类,其中,人工智能产业创新策源能力强的省区市包含北京、广东、上海和浙江,均集中在东部沿海地区,这些省市具有企业集聚、财政支持和人才吸引等方面的优势;人工智能产业创新策源能力较强和一般的省区市以江苏和贵州为代表,这些省区市在数字产业发展方面具有较好的基础和政策支持,并在人工智能产业领域具有一定的科技创新成果;人工智能产业创新策源能力较弱和弱的省区市包括以老工业基地为主和以农业为主的省区,如黑龙江、吉林、辽宁和西藏等,由于营商环境和基础设施欠缺,传统支柱产业面临转型升级,且人工智能产业基础不足,因此,其人工智能产业创新策源能力较为薄弱。

第5章 我国典型城市人工智能产业创新策源能力比较分析

本章从基础研究影响力、核心技术引领力、应用场景拉动力、创新资源集聚力和创新创业环境支撑力5个层面，对2016~2018年北京、杭州、深圳、上海、广州、合肥、苏州、重庆、南京和西安10个典型城市的人工智能产业创新策源能力进行实证分析和比较，为后续进一步分析明确我国提升人工智能产业创新策源能力的瓶颈和突破口提供数据参考。

对基于AHP确定的主观权重和熵值法确定的客观权重进行主客观权重综合赋权，最终得到各指标的综合权重，并结合TOPSIS所求得的相对贴近度，得出我国典型城市人工智能产业创新策源能力评价指标体系权重分配。

本章实证研究的样本为中国中东部地区人工智能较为发达的10个城市，具体包括北京、杭州、深圳、上海、广州、合肥、苏州、重庆、南京和西安。通过第3章介绍的权重确定步骤及计算方法，基于公开统计数据（包括各城市统计年鉴、爱思唯尔的Scopus数据库、乌镇智库、赛迪顾问等的数据）与专家打分情况，从基础研究影响力、核心技术引领力、应用场景拉动力、创新资源集聚力、创新创业环境支撑力共5个方面描绘中国典型城市人工智能产业创新策源能力的发展面貌，力图综合展现中国典型城市人工智能产业创新策源能力的发展趋势，以提升公众认知水平、助力产业健康发展、服务城市战略决策，评价得分见表5.1，对比图见图5.1。

表5.1 中国典型城市人工智能产业创新策源能力评价得分

排名	城市	基础研究影响力	核心技术引领力	创新资源集聚力	创新创业环境支撑力	应用场景拉动力	总得分
1	北京	99	97	91	95	90	96.23
2	上海	33	37	83	39	92	49.11
3	深圳	7	50	82	29	70	44.18
4	杭州	12	44	83	20	80	37.35
5	南京	28	29	60	7	76	37.08

续表

排名	城市	基础研究影响力	核心技术引领力	创新资源集聚力	创新创业环境支撑力	应用场景拉动力	总得分
6	广州	2	31	66	10	80	33.38
7	重庆	17	11	65	3	76	28.69
8	西安	30	14	53	4	58	28.49
9	合肥	1	15	60	6	80	26.6
10	苏州	1	15	60	3	76	25.48

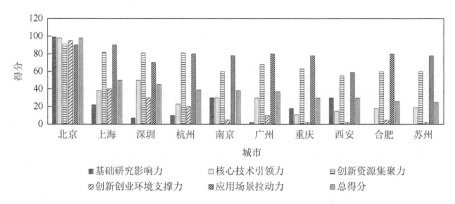

图 5.1   中国典型城市人工智能产业创新策源能力评价得分对比图

不难发现，北京在各指标中的优异表现使其得分超过其他城市（除了应用场景拉动力），稳居第一。上海总体排名第二，具体来看，在基础研究影响力方面，上海排名第二，仅略高于西安和南京，主要是由于三个城市都有众多知名高校和科研院所；在核心技术引领力方面，上海排名第四，远超西安和南京，但落后于深圳和杭州，这是由于深圳和杭州聚集了一大批高科技公司，进一步创造了良好的创新创业氛围，为培育人工智能产业创新策源能力奠定了坚实的根基；在应用场景拉动力方面，上海位列第一，略高于北京；在创新资源集聚力和创新创业环境支撑力方面，上海均排名第二，且显著高于除杭州和深圳外的其他城市。

5.1   基础研究影响力分析

5.1.1   评价结果及特征分析

在论文数量方面，2010～2018 年，中国与美国人工智能领域论文数量分别位居全球第一、第二，且是第三位的英国人工智能领域论文数量的 3 倍以上。2018 年,北京人工智能领域论文数量达到全球人工智能领域论文数量的 6.1%,上海人工智能领域论文数量达到全球人工智能领域论文数量的 1.9%,超过东京、首尔,仅次于北京,居全球第二。

在论文引用率方面,2010～2016 年,中国城市人工智能领域论文质量快速提升,已接近欧美发达国家城市平均水平,但中国城市人工智能领域论文的水平和影响力与发达国家城市相比仍有一定差距。

在高被引论文和科研获奖等影响力方面,中国在人工智能领域发表高水平论文最多的机构——中国科学院以 242 篇高被引论文和 7 篇热点论文位居榜首,如表 5.2 所示。上海交通大学王新兵团队推出了一项基于 2009～2019 年各大研究机构、学者论文发表及引用情况的影响力排名,本书取 2018 年影响力排名 TOP50 的高校并按照城市进行归纳,如图 5.2 和图 5.3 所示。北京在人工智能领域论文发表数量和论文引用次数方面遥遥领先,上海在论文发表数量方面处于第二位,但在论文引用次数方面相比合肥和西安仍需要进一步提升。

表 5.2　人工智能高水平论文数量最多的 20 个中国机构

机构	高被引论文数	热点论文数
中国科学院	242	7
哈尔滨工业大学	189	9
东南大学	131	5
清华大学	110	2
香港城市大学	106	1
香港理工大学	88	1
华中科技大学	86	2
电子科技大学	77	4
辽宁工业大学	71	4
西北工业大学	67	5
北京大学	65	2
东北大学	65	1
浙江大学	64	2
西安交通大学	64	1
上海交通大学	63	0
中南大学	60	1
南京理工大学	58	1
华南理工大学	57	5
西安电子科技大学	55	1
渤海大学	53	0

资料来源:《2019"理想之城"全球人工智能(AI)策源城市分析报告》。

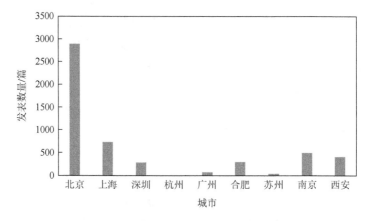

图 5.2　2018 年中国典型城市人工智能领域论文发表数量

资料来源：Web of Science、AceMap

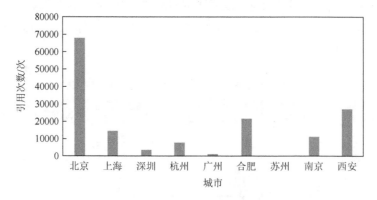

图 5.3　2018 年中国典型城市人工智能领域论文引用次数

资料来源：Web of Science、AceMap

2018 年，拥有全球 TOP100 人工智能研究机构最多的国家是中国（拥有 45 家），其次是美国（拥有 21 家）。中国包揽了全球 TOP100 人工智能研究机构排名的前五位，分别是清华大学、北京航空航天大学、上海交通大学、浙江大学和哈尔滨工业大学。在全球 TOP100 人工智能研究机构中，北京拥有 12 家全球 TOP100 人工智能研究机构，其次是上海、首尔和悉尼，各拥有 3 家全球 TOP100 人工智能研究机构。

5.1.2　国际对标分析

过去二十多年中，大量国家积极参与人工智能领域的基础性研究。国际主要城市人工智能基础研究能力对比见表 5.3。绝大多数国家人工智能领域论文数量最多的学科是计算机科学、工程与自动化控制系统。除此以外，机器人学、数学、影像科学与摄影技术也是大多数国家较为关注的学科。各国基于国内相关资源优势，将人工智能与神经科学、能源学等学科相结合，形成新的研究热点。

表 5.3 国际主要城市人工智能基础研究能力对比

城市	高校名称	发文人数	专业全球排名
上海	复旦大学	47	24
	上海交通大学	37	33
	上海财经大学	4	292
	上海纽约大学	2	366
纽约	康奈尔大学	43	4
	哥伦比亚大学	29	21
	纽约大学	35	36
	纽约州立大学石溪分校	25	59
	罗切斯特大学	11	72
	伦斯勒理工学院	8	148
	纽约州立大学宾汉姆顿分校	9	150
伦敦	伦敦大学学院	24	69
	帝国理工学院	22	78
	伦敦大学玛丽女王学院	9	165
	密德萨斯大学	6	239
东京	东京大学	25	25
	东京理科大学	14	168
	早稻田大学	5	200

资料来源：Web of Science、AceMap。

在科研论文方面，以研究机构为标准对人工智能科研论文数量进行比较，罗列出全球人工智能科研论文数量 TOP20 机构，如图 5.4 所示。分析发现，美国的 7 家研究机构在地域分布上相对均匀，中国的 6 家研究机构分布于北京、哈尔滨、上海和杭州，其余国家的研究机构相对集中。值得注意的是，上海交通大学人工智能科研论文数量位居全球第 10，上海仅此一所研究机构上榜且排名中等，与国际发达城市存在差距。

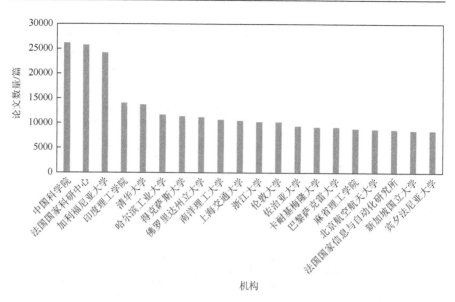

图 5.4　全球人工智能科研论文数量 TOP20 机构

资料来源：Web of Science、AceMap

纽约和伦敦是全球的创新枢纽，在人工智能基础研究方面具有优势。纽约在人工智能基础研究影响力方面走在世界前列，并主持了 2018 年人工智能全球峰会（AI Summit），有 3000 多名与会者、300 多位演讲者和 150 多场分会；伦敦在人工智能领域科学交流方面同样突出，主持召开了 2017 年和 2019 年两届人工智能全球峰会，并以伦敦市政府和高校为依托设立研究机构，以阿兰·图灵研究所为核心建立科研体系。东京和上海同为各自国家经济较发达的城市，两者更侧重应用推广和落地，东京以东京都政府、大企业和高校为依托设立研究机构，主要有东京人工智能研究中心、超越人工智能研究所、本田人工智能中心、高级智能项目中心、日本人工智能学会和日本深度学习协会；上海主要以上海市政府和高校为依托设立研究机构，应用企业、中小企业等其他治理主体参与基础研究不够活跃。

5.1.3　主要瓶颈分析

1. 对高校等研究机构的支持力度有待加强，突破杰出人才数量不足的瓶颈

基础研究影响力提升的关键在于高端学术人才的培育、吸引乃至竞争。全球人工智能杰出人才数量的高校排行榜中，斯坦福大学杰出人才数量达 79 人，具备领先优势，清华大学排名第 15 位，如表 5.4 所示。在基础研究投入方面，2013～2017 年北京和上海的基础研究投入均高于世界平均值，见图 5.5。

表 5.4 全球人工智能人才所属高校分布

名称	人数	国家	排名
斯坦福大学	79	美国	1
麻省理工学院	72	美国	2
伦敦大学学院	67	英国	3
华盛顿大学	60	美国	4
圣保罗大学	60	巴西	4
密歇根大学	55	美国	6
多伦多大学	53	加拿大	7
加利福尼亚大学圣迭戈分校	51	美国	8
加利福尼亚大学伯克利分校	51	美国	8
加利福尼亚大学洛杉矶分校	49	美国	10
牛津大学	49	英国	10
罗马大学	47	意大利	12
剑桥大学	45	英国	13
苏黎世联邦理工大学	43	瑞士	14
清华大学	42	中国	15
加利福尼亚大学旧金山分校	42	美国	15
南加利福尼亚大学	42	美国	15
鲁汶大学	41	比利时	18
卡罗林斯卡学院	40	瑞典	19
耶鲁大学	40	美国	19

资料来源:《2019 人工智能发展报告》。

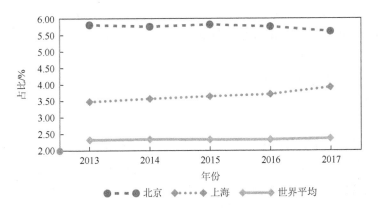

图 5.5 2013～2017 年北京和上海的基础研究投入情况

资料来源:经济合作与发展组织(Organisation for Economic Co-operation and Development,OECD)、
《2018 上海科技创新中心指数报告》

2. 国际协同创新潜力有待挖掘，突破流量向增量转化不力的瓶颈

科学交流和协同创新的广度与深度活动是城市创新策源能力建设的重要体现，上海已成功举办多届世界人工智能大会，但在规模和辐射效应等方面与纽约和伦敦举办的人工智能全球峰会相比仍存在一定差距。

5.2　核心技术引领力分析

5.2.1　评价结果及特征分析

本节基于德温特专利数据库，利用机器计算与算法、神经网络、数据挖掘、计算机视觉、语音识别和自然语言处理、机器人等相关关键词进行检索，检索策略如下：TS = ("artificial intelligen*" or "expert system*" or "neural network*" or robotics or "machine learning" or "machine intelligen*" or "machine translat*" or "deep learning" or "natural language processing" or "NLP" or "speech processing" or "ontolog* engineering" or "computer intelligen*" or "face recognition" or "facial recognition" or "fuzzy logic" or "particle swarm optimization" or "support vector machin*" or "pattern recognition" or "genetic algorithm*" or "decision making" or "reinforcement learning" or "data mining" or "feature select*" or "feature extract*" or "speaker recognition" or "computer vision" or "object recognition" or "action recognition" or "visual tracking" or "evolutionary algorithm*" or "image segmentation")，检索起始时间为 2010 年 2 月 28 日，检索截止时间为 2020 年 2 月 29 日。

基于上述操作，我国人工智能专利数量累计 145751 件，共涉及 34 个省区市，其中，北京、深圳、上海、广州、南京、成都和杭州 7 个城市的人工智能专利数量均在 1000 件以上，合计专利数量超过全国人工智能专利数量的一半，组成国内人工智能的第一梯队；以人工智能专利授权数量计，北京领跑全国，广东和江苏次之，上海排名第四，如图 5.6 所示；以人工智能专利申请数量计，北京再次领跑全国，广东排名第二，上海排名第三。

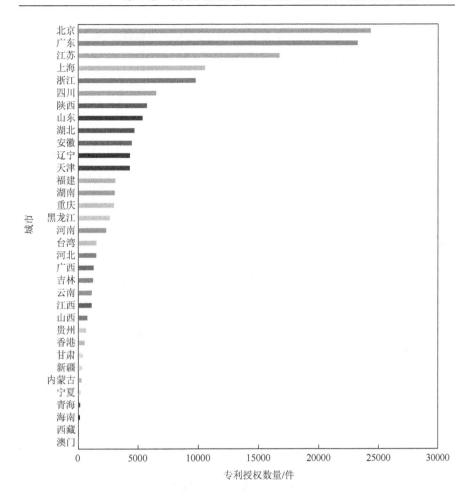

图 5.6　中国各省区市人工智能专利授权数量

资料来源：Web of Science、德温特数据库、国家知识产权局

5.2.2　国际对标分析

从全球人工智能专利的分布来看，人工智能专利被全球期刊引用率最高的地区为北美地区，其次是亚太地区（图 5.7）。中国、美国和日本在全球的人工智能专利布局程度是前三位，三个国家人工智能专利数量占全球人工智能专利总量的 74%；全球人工智能专利授权数量占比最高的国家是美国，且美国人工智能专利数量占有绝对优势，占全球人工智能专利总量的 33%。全球人工智能产业排名靠前的专利权人主要集中在美国和日本，如 IBM、微软、佳能、索尼等科技公司。我国人工智能专利被全球期刊引用率较北美地区尚存在一定差距。

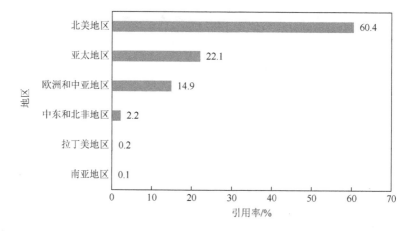

图 5.7　2014～2018 年分地区的人工智能专利被全球期刊引用率

资料来源:《中国人工智能发展报告 2018》

5.2.3　主要瓶颈分析

1. 权威研究机构引领效果有待激发，突破核心主体不够集聚的瓶颈

当前我国的北京、上海、深圳、杭州等城市已建设人工智能科研院校和机构，见表 5.5。与国际发达城市相比，国内核心技术研究主体较为分散，尚未形成强有力的权威研究机构，需加快打造一批人工智能核心技术领域的引领性科研院所、企业和高校，形成多元化、结构化、协同化的人工智能产业创新生态。

表 5.5　各城市人工智能科研院校与机构特点

城市	特点	科研院所与高校	政府或科研院所与高校实验室	企业实验室
北京	总体领先	清华大学 北京大学 北京航空航天大学 中国科学院自动化研究所	模式识别国家重点实验室 智能技术与系统国家重点实验室 深度学习技术及应用国家工程实验室 清华大学人工智能研究院 北京大学法律与人工智能实验室等	360 百度 小米 美团 京东
上海	高校优势	上海交通大学 复旦大学 同济大学	上海交大-Versa 脑科学与人工智能联合实验室 中国科学院自动化研究所与松鼠 AI 联合成立平行 AI 智适应联合实验室等	上汽 飞利浦 商汤科技 腾讯 义学教育-松鼠 AI 微软
深圳	企业优势	深圳大学 深圳南方科技大学	深圳智能机器人研究院 深圳人工智能与大数据研究院等	腾讯 华为 中兴
杭州	仍有差距	浙江大学	—	阿里巴巴 网易 吉利汽车

资料来源:《全球人工智能发展白皮书》。

一方面，需积极发挥财政资金引导作用，抓好人工智能芯片、人工智能传感器和人工智能算法等核心技术研究，加大全社会人工智能的研发投入力度，设立人工智能研发专项资金，突破一批"卡脖子"关键技术；另一方面，需积极探索创新主体的多元化发展模式，充分发挥已有高校、科研院所等创新主体的多元协同作用，积极引导大企业设立人工智能研究所，积极引入外企研发机构，以推进我国人工智能的核心技术和前沿探索。

2. 硬件技术短板有待补齐，突破个性化定制水平不高的瓶颈

通过分析专利结构不难发现，在产业链的话语权和硬件个性化定制方面，我国与国际先进水平还有差距，一定程度上制约了人工智能产业创新策源能力的进一步提升，如芯片领域人才短缺，产业链完整度远不及国际领先城市，资本进入和退出的选择较少。硬件技术是人工智能产业发展的基础，其高度分工且专业化极强的产业链使任何一个城市和国家都难以完全掌控人工智能硬件技术。例如，在上海半导体制造业领域，具有较大规模且在国际上有影响力的国际整合元件制造商寥无一家，与美国等发达国家存在不小的差距，中芯国际也仍处于追赶国际领先水平的阶段。

5.3　应用场景拉动力分析

5.3.1　评价结果及特征分析

应用场景为人工智能产业发展提供了需求端的拉动力，对人工智能的基础支撑技术和核心技术提出了更高的要求，为技术攻关指引了方向，也为人工智能产业的持续发展提供了数据支撑和资金来源，是人工智能产业闭环的重要组成部分。

在中国人工智能创新企业 TOP100 中，涉及机器视觉的企业达到 28 家，占比达 28%，涉及机器人的企业为 13 家，涉及智能驾驶的企业为 13 家，涉及语音识别的企业为 11 家，如表 5.6 所示，其细分行业分布如图 5.8 所示。语音识别与机器视觉作为其他人工智能项目的核心技术部分，占比合计达到 39%，说明人工智能核心技术的发展是热门方向。同时，在应用领域，机器人和智能驾驶占比合计达到 26%，预示着未来这两个领域会有更大的发展。

表 5.6 我国人工智能产业链分布

人工智能	产业领域	企业名称	数量/家
基础技术支撑	人工智能芯片	寒武纪科技、地平线机器人、西井科技、深鉴科技、云天励飞	5
	数据平台	风报-玻森数据	1
人工智能技术	语音识别	科大讯飞、云知声、思必驰、捷通华声、出门问问、紫东语音、声瑞科技、海天瑞声、普强科技……	11
	机器视觉	格灵深瞳、商汤科技、旷视科技、码隆科技、图普科技、依图科技、远鉴科技、深网视界……	28
	自然语言处理	爱特曼、三角兽科技、蓦然认知、今日头条	4
	深度学习平台	达阔科技、第四范式、异构智能、云脑科技	4
人工智能应用	智能驾驶	车和家、智车优行、小鹏汽车、纵目科技、蔚来汽车、图森互联……	13
	机器人	小 i 机器人、优必选科技、旗瀚科技、小鱼在家、QKM 李群自动化、Rokid 芋头科技……	13
	智能安防	海康威视、宇视科技	2
	智能医疗	碳云智能、汇医慧影、图玛深维、推想科技……	7
	智能金融	财鲸、财鱼管家、金贝塔、理财魔方、拿铁财经……	10
	智能教育	义学教育、流利说	2

资料来源:《全球人工智能发展白皮书》。

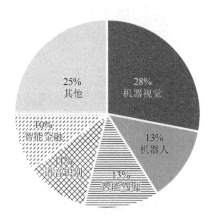

图 5.8 中国人工智能创新企业 TOP100 细分行业分布
资料来源:《全球人工智能发展白皮书》

　　人工智能创新企业 TOP100 中,有 55% 的企业位于北京,20% 的企业位于上海,15% 的企业位于深圳,仅这三个城市的企业数量合计占比就达到 90%。人工智能属于高度知识密集型产业,对人才、环境、资金等都要求很高，基于其对政策与资源的综合需求，北京、上海、深圳等成为诸类企业的产业化首选之地。

我国人工智能应用领域领先城市和人工智能潜力领域领先城市分别如表 5.7 和表 5.8 所示。

表 5.7　我国人工智能应用领域领先城市

人工智能应用领域	城市
安全场景	深圳、广州、成都
交通场景	广州、深圳、上海
医疗场景	上海、广州、深圳
文娱场景	成都、深圳、上海
教育场景	上海、深圳、北京
零售场景	广州、上海、深圳
金融场景	上海、广州、深圳

资料来源：《2018 年中国人工智能城市感受力指数报告》。

表 5.8　我国人工智能潜力领域领先城市

人工智能潜力领域	城市
安全场景	广州、北京、杭州
交通场景	北京、成都、广州
医疗场景	广州、杭州、成都
文娱场景	上海、广州、北京
教育场景	成都、广州、北京
零售场景	成都、广州、北京
金融场景	广州、杭州、北京

资料来源：《2018 年中国人工智能城市感受力指数报告》。

我国人工智能具体场景的分布情况如下。

北京重点聚焦机器人、无人机等智能终端产品、智能医疗、智能教育、智能家居、自动驾驶等垂直应用领域，研发优势明显。

上海在智能金融、智能文娱、智能交通、自动驾驶等领域具有显著优势，约 64%的企业集中在应用层，部分企业已拥有国内先进的计算机视觉、人工智能芯片制造等技术。

深圳在科研成果转化方面实力强劲,主要分布在消费终端、智能家居、智能医疗、自动驾驶、AR/VR 等领域。背靠制造业、服务业发达的珠三角地区,有城市群的整体性优势,坐拥大疆科技、优必选、碳云智能等业界知名的人工智能企业,腾讯、华为、中兴、平安科技等 10 家开展人工智能颇具规模的成熟企业也集聚在深圳。

杭州以"城市大脑"应用为突破口,在智能零售、智能家居、智能金融、智能交通、智能制造、智慧城市等应用场景层面呈现聚集效应。在阿里巴巴、网易、浙江大华、海康威视、同花顺等龙头企业带动下,杭州在智慧城市、智能金融等领域形成了一批特色鲜明的应用,为新型智慧城市建设路径提供了"杭州模式"。另外,杭州积极打造人工智能产业集聚区,以杭州国家高新技术产业开发区、杭州城西科创大走廊为核心,优化全市人工智能产业结构布局,实现有序竞争错位发展。

合肥充分发挥其在智能语音、机器人等领域的优势。作为中部省会城市,合肥近年来凭借承东启西的地理位置、较低的综合成本、良好的高教资源及充足的劳动力资源等优势,吸引了美菱等家电巨头落户,并一举发展成为全国最大的家电制造业基地,区域经济也实现高速发展。在人工智能产业方面,合肥汇聚了以科大讯飞、华米科技为代表的行业顶尖企业。

5.3.2 国际对标分析

本节通过分析全球主要城市人工智能领域独角兽企业的涉及场景,概览该城市当前主要介入的场景。根据表 5.9 不难发现,北京在企业管理、移动互联网等领域应用场景较为广泛,而上海在安防、医疗、驾驶、教育等场景应用程度较高,对比其他发达城市在智能制造、数据分析等场景方面的应用,仍有很大的提升空间。

表 5.9　全球主要城市人工智能领域独角兽企业的涉及场景

总部所在城市	企业数量/家	企业名称	涉及场景
北京	13	第四范式	人工智能在企业管理场景的应用
		字节跳动	人工智能在移动互联网场景的应用
		寒武纪科技	智能云服务器和人工智能芯片
		地平线机器人	智能驾驶、智能物联网
		云从科技	人脸识别
		旷视科技	智能物联网
		图森未来	无人驾驶卡车

续表

总部所在城市	企业数量/家	企业名称	涉及场景
北京	13	驭势科技	无人驾驶
		商汤科技	计算机视觉、深度学习
		云知声	语音识别及语言处理
		出门问问	语音识别、语义分析
		特斯联	城市级智能物联网
上海	3	依图科技	人工智能在安防和医疗等场景的应用
		爱驰汽车	智能电动汽车
		松鼠 AI	人工智能在教育场景的应用
纽约	2	Dataminr	大数据分析与预警
		UiPath	机器人流程自动化
伦敦	1	BenevolentAI	人工智能在医疗和制药场景的应用
东京	1	Preferred Networks	智能机器人

资料来源：《全球独角兽榜单》《2018 人工智能行业创新情报白皮书》。

国外一些支持人工智能应用的政策逻辑对我国进一步提升人工智能产业的创新策源能力也有可借鉴之处。美国注重人工智能带给社会经济、劳动者就业、交通等方面的影响，从立法层面努力预防和消除人工智能可能引起的危害，降低社会风险，短时间内可能会限制一些场景开发的活跃程度，但为其长期规范、可持续地开发广阔的应用场景奠定了良好的法制基础；德国聚焦工业智能化场景，以建立政策指导框架为核心，发挥政府的主导作用；日本较为重视人工智能技术及其在服务、交通、就业等与老龄化场景相关方面的研发投入力度，在培育具有代表性的机器人生产厂商方面效应显著，如发那科、安川电机、川崎重工等。

5.3.3 主要瓶颈分析

1. 产业链完整度有待完善，突破应用场景拉动力发挥不充分的瓶颈

我国尤其是上海在人工智能产业领域的投融资轮次较国际领先城市更为靠前，而国际领先城市的人工智能产业链在获得资金支持方面更为成熟，尤其是人工智能芯片产业链的完整度较低，且资本选择过少，限制了应用场景对产业创新发展拉动力的发挥。当前，人工智能芯片处于发展早期，竞争格局尚未形成，基于极具优势的人工智能场景和市场空间，上海在边缘人工智能芯片领域有着广阔的产业发展前景，是上海提升人工智能产业创新策源能力亟待突破的瓶颈。

2. 布局及推广效果有待提升，突破场景特色优势发挥受限的瓶颈

我国筹办了多届人工智能展会，为人工智能行业发展搭建了技术交流、贸易合作、提高企业品牌的平台，但在规模和转化效果方面，我国城市与东京这样的节点城市相比仍较为薄弱，应规划和打造更高级别的人工智能展会，为企业搭建技术应用咨询、技术转移和寻找合作伙伴的理想平台，释放企业在各类应用场景的创造力；同时，应避免趋同性过高的布局，着力突出与城市创新生态相匹配的优势场景。

5.4　创新资源集聚力分析

5.4.1　评价结果及特征分析

从人才数量来看，中国人工智能人才数量整体呈现东多西少的态势。截至 2017 年，东部地区人工智能人才数量高达 126120 人，占全国人工智能人才总量的 62.7%，中部地区人工智能人才数量占全国人工智能人才总量的 18.6%，西部地区人工智能人才数量为 37362 人，占全国人工智能人才总量的 18.6%[①]。北京领先优势大，西安、上海、武汉、南京紧随其后。北京作为中国的文化中心，人才投入力度强劲，其人工智能人才数量占全国人工智能人才总量的 13.5%，在国内具有绝对优势。西安、上海、武汉、南京人工智能人才数量逾 10000 人，位列第二梯队。长沙、广州、成都、哈尔滨和杭州人工智能人才数量逾 5000 人，位列第三梯队。

从企业数量来看，截至 2018 年，全球人工智能企业总数达 4925 家，其中，美国人工智能企业数量为 2028 家，位列全球第一，中国人工智能企业数量为 1011 家，位列全球第二，接下来分别是英国、加拿大和印度。中国人工智能企业主要集中在北京、上海和广东三个省市。其中，北京人工智能企业数量为 395 家，位列全球第一；上海人工智能企业数量为 210 家，位列全球第四，如图 5.9 所示。从地域分布看，京津冀、长三角、珠三角和川渝四大都市圈人工智能企业数量占比分别为 44.8%、28.7%、16.9%、2.6%。从分项指数来看，北京无论是人工智能成熟企业数量还是人工智能初创企业数量均遥遥领先于其他城市，其次是上海、深圳、杭州、广州，如图 5.10 所示。

---

① 占比加和不为 100% 系数据四舍五入处理所致。

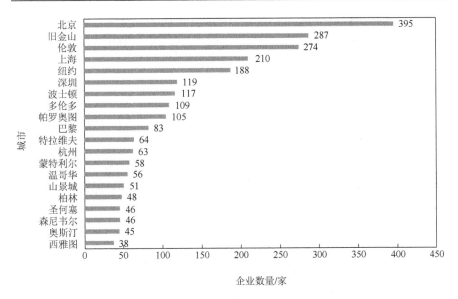

图 5.9　全球人工智能企业数量城市排行

资料来源:《全球人工智能发展白皮书》

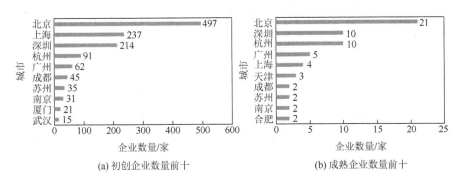

(a) 初创企业数量前十　　　　　　(b) 成熟企业数量前十

图 5.10　中国人工智能初创与成熟企业数量分布

资料来源:《中国人工智能发展报告 2018》

从数据积累和开放程度来看,上海人口众多且数据开放程度在全球名列前茅、居全国首位,与国际先进水平持平,对新技术的接受程度高于国外发达城市。移动互联网发展迅速,隐私保护相对宽松,这使得人工智能企业在上海收集数据更加便捷、成本更低。此外,上海数据标记的人力成本低于大部分国外发达城市,为企业拥有更多的数据量来优化深度学习算法提供了有利条件。

从资本环境来看,如图 5.11 所示,2019 年,北京人工智能初创企业融资频次达到 620 次,融资额达 550 亿元,位居第一。上海、深圳位居其次,城市悬殊。

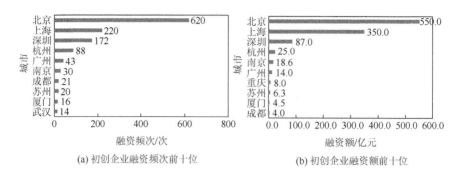

(a) 初创企业融资频次前十位 (b) 初创企业融资额前十位

图 5.11 2019 年中国人工智能初创企业融资频次与融资额分布

资料来源：《2019 中国人工智能投资市场研究报告》

5.4.2 国际对标分析

在人才总量方面，截至 2019 年初，全球人工智能领域人才总量超过 190 万人，集中于少部分国家。其中，美国人工智能领域人才数量占比最高，约占全球人工智能领域人才总量的一半，是排名第二的英国人工智能领域人才数量的 3 倍，德国、法国人工智能领域人才数量分别排在第三、第四位。由此可以看出，在人才培养投入方面，中国还有很大的发展潜力。

在人才结构方面，美国在人工智能领域杰出人才数量方面依旧遥遥领先，累计高达 5158 人，占全球人工智能领域杰出人才总量的 25.2%，是排名第二的英国人工智能领域杰出人才数量的 4.4 倍；德国、法国、意大利分列第三、第四、第五位，人工智能领域杰出人才数量大体相当。中国人工智能领域杰出人才数量为 977 人，排名第六，相对于其全球第二的人才总量而言，人工智能领域杰出人才数量过少。

全球高强度人才投入的高校和科研院所则集中在中国。清华大学成为全球人工智能人才数量最大的载体，依托优越的科研基础，汇集了 822 名人工智能人才，位列世界第一；上海交通大学以 590 名的人工智能人才数量位列第二；韦洛尔大学、北京航空航天大学、浙江大学分别以 526 名、523 名、506 名的人工智能人才数量位列第三、第四、第五名，如表 5.10 所示。

表 5.10 全球人工智能人才所属高校分布

名称	人数	国家
清华大学	822	中国
上海交通大学	590	中国
韦洛尔大学	526	印度
北京航空航天大学	523	中国
浙江大学	506	中国

续表

名称	人数	国家
华中科技大学	465	中国
北京大学	463	中国
武汉大学	446	中国
北京邮电大学	443	中国
南洋理工大学	418	新加坡
西安交通大学	400	中国
中国科技大学	382	中国
麻省理工学院	368	美国
新加坡国立大学	367	新加坡
伦敦大学学院	365	英国
斯坦福大学	364	美国

资料来源：《全球人工智能发展白皮书》。

5.4.3　主要瓶颈分析

1. 资源分配结构有待优化，突破基础层动力不足的瓶颈

产业的持续健康发展需要合理的人才结构。截至 2019 年 3 月底，全球活跃人工智能企业达 5386 家，其中，美国、中国、英国、加拿大、印度活跃人工智能企业数量位列全球前五。中国人工智能企业集中在北上广和江浙地区，美国人工智能企业集中在加利福尼亚州、纽约市等地。全球人工智能企业数量 TOP5 城市见图 5.12。面向基础层的高端人才和企业缺乏，基础理论和核心关键技术积累薄弱，将严重限制我国人工智能产业的深层次创新。因此，流入基础研究的资金和补助匮乏，不足国际领先城市投入的 10%，成为人工智能产业创新策源能力提升的瓶颈之一。

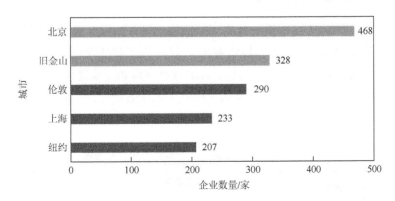

图 5.12　截至 2019 年 3 月底全球人工智能企业数量 TOP5 城市

资料来源：《全球人工智能产业数据报告》

2. 融资规模有待加大，突破产业新方向落地不易的瓶颈

2000～2016 年国际主要城市人工智能产业融资额见表 5.11。当前我国人工智能产业融资规模与旧金山、纽约仍存在较大差距，限制了人工智能产业创新资源的集聚效果。需要进一步加快人工智能技术与一些行业的真正结合，满足企业对数字化和智能化的迫切诉求，引导人工智能产业孵化器朝着专业化、品牌化、国际化方向发展。因此，加大定向投入和资金支持是进一步优化人工智能产业创新策源生态的重要途径。

表 5.11　2000～2016 年国际主要城市人工智能产业融资额对比

城市	国家	融资额/×10^{6}美元
旧金山	美国	11010
纽约	美国	1883
北京	中国	1387
波士顿	美国	1381
洛杉矶	美国	1001
广州	中国	792
伦敦	英国	772
上海	中国	154
柏林	德国	146

资料来源：《全球人工智能发展报告（2017）》。

5.5　创新创业环境支撑力分析

5.5.1　评价结果及特征分析

自 2017 年 7 月《新一代人工智能发展规划》发布以来，截至 2018 年第一季度，全国已有 10 个城市发布了 27 项人工智能专项政策（表5.12），并提出了各自的发展定位与目标。人工智能学科和专业建设加快推进，截至 2019 年 5 月，全国 30 多所高校成立了人工智能学院，75 所高校自主设置了 89 个人工智能相关二级学科或交叉学科。

表 5.12　中国部分城市人工智能政策发布情况

城市	人工智能相关政策数量	代表性政策文件	发布时间
上海	6	《关于本市推动新一代人工智能发展的实施意见》	2017 年 10 月
北京	4	《北京市加快科技创新培育人工智能产业的指导意见》	2017 年 12 月

续表

城市	人工智能相关政策数量	代表性政策文件	发布时间
杭州	4	《杭州城西科创大走廊规划》	2016年12月
南京	3	《市政府关于加快人工智能产业发展的实施意见》	2017年12月
苏州	2	《苏州工业园区人工智能产业发展行动计划（2017—2020）》	2017年3月
沈阳	2	《沈阳市沈大国家自主创新示范区建设三年行动计划（2017—2019年）实施方案》	2017年5月
合肥	2	《中国（合肥）智能语音及人工智能产业基地（中国声谷）发展规划（2018—2025年）》	2017年12月
武汉	2	《东湖高新区人工智能产业规划》	2017年11月
天津	1	《天津市人工智能科技创新专项行动计划》	2018年1月
广州	1	《广州市加快IAB产业发展五年行动计划（2018—2022年）》	2018年3月

资料来源：《新一代人工智能发展规划》。

5.5.2 国际对标分析

在创新创业环境支撑力的环境优化方面，美国将投资充分应用于工业、高校和政府，形成了具有一定竞争力的产学研协同的创新生态系统，营造了较为安全、自由和有活力的研发环境；德国政府关注研发平台建设，如德国人工智能研究中心、"数字内阁"、"人工智能中心"等；日本则较为关注产官学的合作和软硬件环境的建设，并鼓励校企合作学习，为缺乏人工智能（特别是机器人产业）相关背景的中小学教师提供完善的基础设施。

5.5.3 主要瓶颈分析

人工智能产业具有资本密集型和知识密集型的双重属性，能否吸引资本和高端人才驻留是人工智能产业创新策源能力评价指标体系的重要部分，产业政策和人才支撑对人工智能产业创新发展的定位与目标起着决定性作用，改善创新创业环境支撑力是提高人工智能产业创新策源能力的重要一环。

1. 创新生态环境有待改善，突破协同度、系统性不够的瓶颈

从国际视角来看，我国人工智能产业市场尚未成熟。政府发布创新政策的主要目标在于通过改善产业发展所需的公平、完善的创新创业环境，进而对产业本身的一系列创新活动产生积极影响。因此，基于上述有关人工智能产业创新策源能力的优势及短板分析，应更有针对性地、有目

的地改善人工智能产业创新创业环境支撑力，进一步引导资本和创新资源向基础研究和核心技术研发领域集聚，加快产业生态系统的机构优化和机制优化。

2. 功能型平台建设有待加快，突破链接力、润滑力不足的瓶颈

全球人工智能产业领先城市在注重优化公共服务的同时，以技术辅导、咨询、建设技术基础设施等方面的政策为主，如建立实验室、专业协会等，为属于知识密集型产业的人工智能产业的创新策源能力提升注入了蓬勃的链接力与润滑力。我国在顶层设计层面具有一定优势，出台了很多与公共服务和贸易管制政策相关的意见和专项计划，一定程度上改善了创新创业环境，但若不加快推进人工智能产业研发和转化功能型平台建设，则难以弥补人工智能产业创新策源能力的源头性短板。

5.6　本 章 小 结

本章从基础研究影响力、核心技术引领力、应用场景拉动力、创新资源集聚力和创新创业环境支撑力五个维度，对 2016～2018 年北京、杭州、深圳、上海、广州、合肥、苏州、重庆、南京和西安 10 个典型城市的人工智能产业创新策源能力进行实证分析和比较。通过第 3 章介绍的权重确定步骤进行比较分析和国际对标，发现五个维度上的如下瓶颈问题：对高校等研究机构的支持力度有待加强，突破杰出人才数量不足的瓶颈；国际协同创新潜力有待挖掘，突破流量向增量转化不力的瓶颈；权威研究机构引领效果有待激发，突破核心主体不够集聚的瓶颈；硬件技术短板有待补齐，突破个性化定制水平不高的瓶颈；产业链完整度有待完善，突破应用场景拉动力发挥不充分的瓶颈；布局及推广效果有待提升，突破场景特色优势发挥受限的瓶颈；资源分配结构有待优化，突破基础层动力不足的瓶颈；融资规模有待加大，突破产业新方向落地不易的瓶颈；创新生态环境有待改善，突破协同度、系统性不够的瓶颈；功能型平台建设有待加快，突破链接力、润滑力不足的瓶颈。

第6章 人工智能产业创新策源的国际比较分析

在对我国人工智能产业创新策源能力评价和典型城市人工智能产业创新策源能力比较分析的基础上，结合分析结果和瓶颈问题，本章从国际视角分析国际人工智能产业创新策源现状，梳理全球重要国家人工智能战略导向，并总结国际典型城市人工智能产业创新策源模式，分别从"策"和"源"视角下对典型城市进行比较分析，为提出优化我国人工智能产业创新策源能力的路径提供可靠基础和经验。

6.1 国际人工智能产业创新策源现状分析

伴随着人工智能应用场景的不断延伸，各个国家已充分认识到人工智能发展的巨大潜力。全球主要国家和地区相继把人工智能产业及其创新策源能力作为提升国家竞争力、维护国家安全的重大战略，加紧出台规划和政策，围绕基础研究、核心技术、政策支持和资源配置等强化部署，人工智能从少数大国关注走向全球布局的新格局。

6.1.1 基础研究现状

基础研究是人工智能产业创新策源能力形成的重要内部要素。人工智能科研论文是体现人工智能基础研究能力的重要指标。为保证数据的可靠性，本书以爱思唯尔 Scopus 数据库中 1998～2018 年所收录的人工智能领域论文为检索对象，共获取 710622 个科研论文（包括期刊论文和会议论文）样本数据。

以论文数量对人工智能科研论文进行分析。图 6.1 为 1998～2018 年人工智能科研论文数量占全球科研论文数量比例（简称人工智能科研论文数量占比）的趋势图，人工智能科研论文数量占比由 20 世纪 90 年代的 1%增长到 2018 年的 3%。这意味着越来越多的学者投入到人工智能领域的科学研究，同时，研究成果呈现较强的增长趋势。

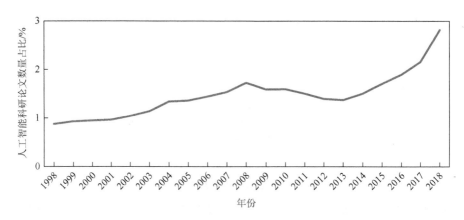

图 6.1　1998～2018 年人工智能科研论文数量占比

以学科为分类依据对人工智能科研论文进行分析。当前学术界对人工智能的研究主要集中在自然科学和工程技术学两大学科，其次为医学、农业科学、社会科学和人文科学等学科。这意味着人工智能是一门将数学、计算科学等自然学科与解决现实问题的工程技术学科紧密结合的交叉学科。表 6.1 为 1998～2018 年全球人工智能科研论文的学科分布。

表 6.1　1998～2018 年全球人工智能科研论文的学科分布

学科	科研论文数量/篇	占比/%
自然科学	594685	57.30
工程技术学	283313	27.30
医学	67603	6.51
农业科学	11278	1.09
社会科学	60513	5.83
人文科学	15778	1.52
其他	4699	0.45

以国家为标准对人工智能科研论文进行分析。图 6.2 为 1997～2017 年人工智能科研论文数量 TOP10 国家。由图 6.2 可知，人工智能科研论文主要集中于欧美和亚洲科技较为发达的国家。中国和美国是人工智能相关基础研究的主要国家，分别位居全球第一和第二。与第三位的英国相比，中国和美国的科研论文数量占有绝对优势。进一步分析，这 10 个国家按照人工智能科研论文数量可以分为两个层次：第一层次包括中国和美国；第二层次包括英国、日本、德国、印度、法国、加拿大、意大利、西班牙。

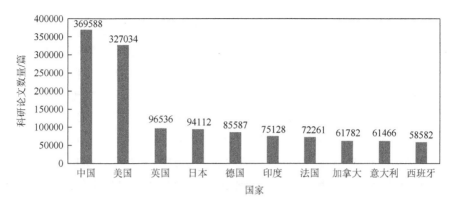

图 6.2　1997~2017 年人工智能科研论文数量 TOP10 国家

资料来源:《中国人工智能发展报告 2018》

6.1.2　核心技术现状

对人工智能专利拥有国进行分析。借鉴斯坦福大学在《人工智能指数报告》(*Artificial Intelligence Index Report*) 中所使用的数据收集方法,以微软学术图谱(Microsoft Academic Graph,MAG)中所涵盖的 2015~2018 年人工智能专利进行检索,共收集到 38233 个人工智能专利样本数据。图 6.3 为 2015~2018 年人工智能专利数量 TOP10 国家,10 个国家拥有人工智能专利数量的全球占比为 57.5%。从全球人工智能领域专利布局来看,美国、日本和加拿大位居全球前三,中国位居全球第八。美国的人工智能专利数量占有绝对优势,占全球人工智能专利总量的 33%。进一步分析,这 10 个国家按照人工智能专利数量可以分为三个层次:第一层次包括美国;第二层次包括日本、加拿大和法国;第三层次为德国、英国、韩国、中国、意大利和瑞士。

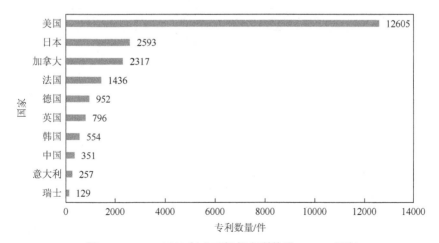

图 6.3　2015~2018 年人工智能专利数量 TOP10 国家

以区域为标准对人工智能领域专利的期刊引用情况进行分析。全球绝大多数人工智能专利引用和应用在北美地区。具体来看，2015～2018 年，北美地区人工智能专利被引比例为 60.4%，位居第一；亚太地区人工智能专利被引比例为 22.1%，位居第二；欧洲和中亚地区人工智能专利被引比例为 14.9%，位居第三。超过 60% 的人工智能专利引用活动与北美地区紧密相关，全球近 45% 的人工智能专利引用属于自我引用，东亚地区人工智能专利被引比例约为 9%，欧洲地区人工智能专利被引比例则为 7%。2014～2018 年，北美地区的专利对欧洲及东亚地区的专利引用了近 6000 次。

6.1.3 政策支持现状

近年来，全球多数国家重视人工智能发展，发布了一系列国家层面的战略性政策和报告，以指导人工智能产业的快速发展。借助普华永道会计师事务所（Pricewaterhouse Coopers，PwC）构造的国家人工智能战略雷达（national artificial intelligence strategic radar，NAISR），共收集到近 50 份文件，包括国家级战略、国家人工智能发展政策、各国智库机构所发表的涉及人工智能的文件，具体如表 6.2 所示。

表 6.2   全球涉及人工智能的国家级战略、政策和文件

年份	名称
2013	*International Cooperation vs. AI Arms Race*（国际合作与人工智能军备竞赛）
	Racing to the Precipice：A Model of Artificial Intelligence Development（冲向悬崖边缘：人工智能发展模型）
	The Future of Employment：How Susceptible are Jobs to Computerisation?（就业的未来：工作对计算机化的敏感程度有多大？）
2014	*Unprecedented Technological Risks*（前所未有的技术风险）
2017	*Artificial Intelligence and Life in 2030*（人工智能与 2030 年的生活）
	European Union Regulations on Algorithmic Decision-making and a "Right to Explanation"（欧盟关于算法决策和"解释权"的规定）
	Global Catastrophic Risks 2016（2016 年全球灾难性风险）
	Mid-to Long-term Master Plan Preparation for the Intelligent Information Society（智能信息社会准备的中长期总体规划）
	Preparing for the Future of Artificial Intelligence（为人工智能的未来做准备）
	Regulating Artificial Intelligence Systems：Risks, Challenges, Competencies, and Strategies（对人工智能系统进行监管：风险、挑战、能力和策略）
	Smart Policies for Artificial Intelligence（人工智能的智能政策）
	National Artificial Intelligence Research and Development Strategic Plan（国家人工智能研发战略规划）

续表

年份	名称
2018	*The MADCOM Future*：*How Artificial Intelligence Will Enhance Computational Propaganda，Reprogram Human Culture，and Threaten Democracy… And What Can be Done About It*（MADCOM 未来：人工智能如何增强计算传播，重新编程人类文化并威胁民主……以及如何应对）
	Strategic Implications of Openness in AI Development（人工智能发展中开放性的战略影响）
	Prosperity Through Innovation（创新促进繁荣）
	Policy Desiderata in the Development of Superintelligent AI（开发超智能人工智能的政策要求）
	On the Promotion of Safe and Socially Beneficial Artificial Intelligence（推动安全和社会效益人工智能的发展）
	Making the AI Revolution Work for Everyone（让人工智能革命造福于每个人）
	Finland's Age of Artificial Intelligence（芬兰的人工智能时代）
	Existential Risk Diplomacy and Governance（存在风险的外交与治理）
	Destination Unknown：*Exploring the Impact of Artificial Intelligence on Government*（目标未知：探索人工智能对政府的影响）
	A Next Generation Artificial Intelligence Development Plan（下一代人工智能发展计划）
	Data Management and Use：*Governance in the 21st Century*（数据管理与使用：21 世纪的治理）
	Artificial Intelligence Technology Strategy（人工智能技术战略）
	Artificial Intelligence Index：*2017 Annual Report*（人工智能指数：2017 年年度报告）
	AI Now 2017 Report（2017 年 AI 现状报告）
	AI in the UK：*Ready，Willing and Able?*（英国的人工智能：准备、意愿和能力？）
	Algorithmic Impact Assessments：*A Practical Framework for Public Agency Accountability*（算法影响评估：公共机构问责的实际框架）
	Artificial Intelligence and Foreign Policy（人工智能与外交政策）
	Artificial Intelligence Strategy（人工智能战略）
	Artificial Intelligence：*The Race is on the Global Policy Response to AI*（人工智能：全球政策应对 AI 的竞赛）
	Digital Switzerland Strategy（数字化瑞士战略）
	For a Meaningful Artificial Intelligence：*Towards a French and European Strategy*（为有意义的人工智能：朝着法国和欧洲战略迈进）
	Global Catastrophic Risks 2016（2016 年全球灾难性风险）
	How Might Artificial Intelligence Affect the Risk of Nuclear War?（人工智能如何影响核战争的风险？）
	National Approach to Artificial Intelligence（国家人工智能的方法）
	National Artificial Intelligence Strategy for Qatar（卡塔尔国家人工智能战略）

续表

年份	名称
2018	*National Strategy for Artificial Intelligence for All*（全民人工智能国家战略）
	Regulating Artificial Intelligence Proposal for a Global Solution（对人工智能进行监管：全球解决方案提案）
	The Malicious Use of Artificial Intelligence：Forecasting，Prevention，and Mitigation（恶意使用人工智能：预测、防范和缓解）
	Vision 2030（2030 愿景）
2019	*Artificial Intelligence and Robotics for Law Enforcement*（人工智能和机器人技术在执法中的应用）
	Artificial Intelligence：An Overview of State Initiatives（人工智能：国家倡议概述）
	Machine Politics：Europe and the AI Revolution（机器政治：欧洲与人工智能革命）
	Map of the Polish AI（波兰人工智能地图）
	National Strategy for Artificial Intelligence（国家人工智能战略）
	The National Artificial Intelligence Research and Development Strategic Plan：2019 Update（国家人工智能研究与发展战略计划：2019 年更新）

进一步对这些文件进行文本分析，发现文件主要涉及人工智能的学术合作、人工智能研发、人工智能治理、安全、人工智能领导者、商业保护和创新、医疗、国家安全、人工智能收益与伦理。图 6.4 为这些文件所涉及的人工智能议题分布。可知，学术合作广泛存在于这些文件中，占比达93.75%；大多数文件关注人工智能研发、人工智能治理、安全和人工智能

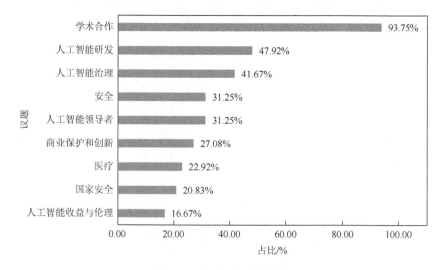

图 6.4　人工智能议题分布

领导者的议题，占比分别为47.92%、41.67%、31.25%和31.25%。涉及人工智能收益与伦理、商业保护和创新的议题占比相对较小。这意味着各个国家对人工智能的政策性支持主要在人工智能研发阶段，对商业化的支持力度相对较小。

依据国家对文件数据进行全球热力地图描绘，发现对人工智能进行战略部署的国家主要集中于欧洲、南美洲和亚洲。截至2019年，中国、美国、加拿大、英国、法国、德国、丹麦、瑞典、芬兰、沙特阿拉伯、印度、日本、韩国、新加坡和澳大利亚共计15个国家制定并发布了其人工智能国家级战略；墨西哥、意大利、波兰、俄罗斯、突尼斯和马来西亚共计6个国家正在筹备制定其人工智能国家级战略。其中，中国和美国最为重视人工智能的发展，发布的政策和报告较多。美国推行了一系列战略，确保其在人工智能产业方面的全球领先地位；英国、法国、德国和俄罗斯等欧洲国家争相加大投入力度，力争跻身人工智能产业全球领先行列；日本、韩国、印度等亚洲国家同步跟进，加大人工智能产业在技术、人才、应用等方面的投入。

为进一步对比全球不同国家的人工智能国家级战略规划，本书收集了美国、法国、英国、德国、新加坡、加拿大、日本、巴西和印度历年发布的人工智能国家级战略规划。依据不同的资源禀赋，各个国家的人工智能战略规划的侧重点不同，形成了各自的特点。综合来看，主要聚焦学术合作、人工智能研发、人工智能治理、人工智能领导者、安全、人工智能收益与伦理、商业保护和创新、医疗、国家安全等。表6.3列举了以上9个国家的人工智能战略规划。整体来看，全球主要国家高度重视发展人工智能，呈现大国和强国率先布局人工智能、其他国家积极跟进的全球发展态势。2016年至今，美国持续加强战略引导，评估和调整人工智能优先发展事项；欧盟强化各国协同推进，加大人工智能投入；俄罗斯等国家加紧制定人工智能国家级战略。

从全球主要国家对人工智能战略布局来看，各国的战略布局、战略周期、战略目标等不尽相同。具体来看，主要国家皆提出了中长期人工智能战略规划，不同国家的人工智能战略目标各有特色：中国和美国定位于全球人工智能领导者；德国、英国和法国等制造技术发达国家侧重具体人工智能技术，形成技术相对优势，保证全球竞争力；日本等国家以半导体、机器人等优势产业为发力点；印度等新兴国家则充分发掘人工智能在经济增长、政府施政等方面所发挥的积极作用。

表 6.3 全球主要国家发布的人工智能战略规划

国家	年份	政策	主要内容
美国	2016	国家人工智能研发战略计划 （*National Artificial Intelligence Research and Development Strategy Plan*）	强化人工智能研发投入力度，预见性地解决人工智能可能带来的社会问题，构建共享的大数据库，制定人工智能技术标准
	2018	下一代人工智能 （*AI Next*）	投资 20 亿美元用于新项目。关键领域包括使国防部业务流程自动化
	2019	美国人工智能倡议 （*American AI Initiative*）	采取多管齐下的方法来促进美国在人工智能方面的领导地位。促进人工智能研发，保护国家安全，加强与外部合作
	2019	国家人工智能研发战略计划 （2019 年更新） （*National Artificial Intelligence Research and Development Strategic Plan: 2019 Update*）	①继续对人工智能进行长期投资；②有效的人工智能协作方法；③理解和处理道德、法律和社会问题对人工智能的影响；④保障人工智能发展安全；⑤构建大数据库，用于人工智能研发；⑥发布人工智能领域一系列标准；⑦为研发人员提供更好的硬件和软件支撑；⑧充分发挥社会力量，合作研发
英国	2016	人工智能在英国 （*Artificial Intelligence in the UK*）	研究人工智能进步对经济、道德和社会的影响
	2018	人工智能行业新政 （*AI Sector Deal*）	政府公布其人工智能部门预算，投资 9.5 亿英镑支持研究和教育，并加强英国的数据基础设施
法国	2018	国家人工智能计划 （*National Artificial Intelligence Program*）	侧重人工智能的研发、教育和创新战略
德国	2018	联邦政府人工智能战略 （*Strategie Künstliche Intelligenz der Bundesregierung*）	①使德国甚至欧洲成为人工智能的全球领导者；②发展有利于社会的人工智能；③推动人工智能的社会化应用
日本	2017	人工智能技术战略 （*Artificial Intelligence Technology Strategy*）	以人工智能为推动，对日本的工业化路线做出重要部署
加拿大	2017	泛加拿大人工智能战略 （*Pan-Canadian Artificial Intelligence Strategy*）	政府计划拨款 1.25 亿加元，支持人工智能研究及人才培养
新加坡	2017	新加坡人工智能（战略） （*AI Singapore*）	计划投资 1.5 亿美元，发展新加坡人工智能研发和应用
	2019	人工智能治理框架模型 （*Model AI Governance Framework*）	为私营部门组织解决关键的人工智能道德和人工智能治理问题提供详细指导
巴西	2017	物联网国家行动计划 （*Internet of Things National Action Plan*）	以人工智能发展为契机，未来五年内将巴西发展为技术强国。重点关注健康、产业、智慧城市、工业和农村农业发展
	2018	电子数字（战略） （*E-Digital*）	以人工智能为契机进行数字转型，保护公民权利和维护隐私，制定新技术计划，加强外部合作
印度	2018	国家人工智能（战略） （*AI for All*）	①提高印度公民劳动力；②集中投资于能够充分释放人工智能技术潜能的行业和部门；③针对发展中国家，形成可推广的印度模式

在全球主要国家对人工智能研发布局方面,美国最早将人工智能发展提升到国家战略层面,凭借技术领先和人才优势,美国的布局更侧重人工智能发展的最前沿领域,通过超前布局不断保持其核心领导地位;日本和欧盟成员国则集中力量针对人工智能发展的自动驾驶、机器人等重点领域进行布局。

综合来看,全球主要国家促进人工智能发展的重大战略举措主要有五种类型:一是通过重要研究机构实施重大计划,美、欧等发达经济体实施重大计划,这成为推动人工智能发展的重要力量;二是成立具有影响力的行业组织,政企合作,营造良好的产业生态,共同推进人工智能发展;三是通过启动重大项目、工程和计划,设立产业基金等,侧重对人工智能的长期投入;四是建立人工智能研究中心和重点实验室,主要依托科技巨头建立研究中心、创新平台等;五是打造世界级人工智能创新中心和集聚区。表 6.4 为全球主要国家的人工智能创新中心和集聚区。

表 6.4　全球主要国家的人工智能创新中心和集聚区

国家	人工智能创新中心和集聚区
美国	旧金山湾区、纽约、波士顿、西雅图、奥斯汀、芝加哥、圣迭戈、亚特兰大、华盛顿、达拉斯、迈阿密、博尔德、尔湾、波特兰、威灵顿、费城
中国	北京、上海、深圳、杭州、合肥、广州
英国	伦敦
德国	柏林、图宾根、慕尼黑、多特蒙德
日本	东京
法国	巴黎

6.1.4　资源配置现状

本节主要从人工智能人才和人工智能领域投融资两个方面对全球人工智能资源配置的发展现状进行分析。

1. 全球人工智能人才发展现状

在人工智能人才分布方面,人工智能初创企业 Element AI 发布《2019 年全球人工智能人才报告》(*Global AI Talent Report* 2019),对人工智能领域 21 个科学会议的论文作者和领英(LinkedIn)网站的人工智能

从业人员进行采样，获取样本数据，得到人工智能人才的全球分布。全球
人工智能人才主要集中于美国、中国、英国、德国、加拿大、法国和日本，
其数量约占全球人工智能人才总数的78%。美国培养的人工智能人才数量
占比约44%，保持绝对优势；中国培养的人工智能人才数量占比为11%；
其后是英国（6%）、德国（5%）、加拿大（4%）、法国（4%）和日本（4%）。

依据全球人工智能人才获得博士研究生学位地点和工作地点，可以
进一步分析全球人工智能人才的流动趋势。全球约有27%的人工智能人
才进行了流动，美国是人工智能人才流入最多的国家，中国位居第二。
以人才流入率和流出率为指标对全球主要国家的人工智能人才流动性
进行分析。表6.5为全球主要国家的人工智能人才流入率和流出率，可
知，美国、中国、澳大利亚、日本、韩国、西班牙、瑞典、英国和瑞士
是人工智能人才的净流入国。瑞士和瑞典是人工智能人才流入率最高的
两个国家，分别为50%和49%。

表6.5　全球主要国家的人工智能人才流入率和流出率（单位：%）

国家	人才流入率	人才流出率	人才流入净值
美国	21	18	3
中国	30	26	4
澳大利亚	37	35	2
加拿大	33	45	−12
法国	26	36	−10
德国	25	32	−7
印度	25	30	−5
伊朗	17	36	−19
意大利	13	32	−19
日本	17	15	2
荷兰	35	44	−9
新加坡	40	40	0
韩国	30	21	9
西班牙	39	32	7
瑞典	49	35	14
英国	44	43	1
瑞士	50	45	5

对表6.5所列的全球主要国家的人工智能人才流出率和流入率进行标

准化，绘制出了全球主要国家的人工智能人才流动散点图（图 6.5）。依据人工智能人才流入和人工智能人才流出可以将散点图分为四个象限，即高人才流入-高人才流出、高人才流入-低人才流出、低人才流入-高人才流出、低人才流入-低人才流出。高人才流入-高人才流出意味着国家的人工智能人才流动比较频繁，称为人工智能人才平台国，主要包括加拿大、荷兰、新加坡、英国和瑞士；高人才流入-低人才流出意味着国家能留住本土人才并且吸引国外人才，称为人工智能人才邀请国，主要包括西班牙、澳大利亚和瑞典；高人才流出-低人才流入的国家称为人工智能人才输出国，主要包括伊朗和法国；低人才流入-低人才流出意味着国家的人工智能人才智库具有稳定性，称为人工智能人才锚定国，主要包括美国、中国、日本、韩国、印度、德国和意大利。

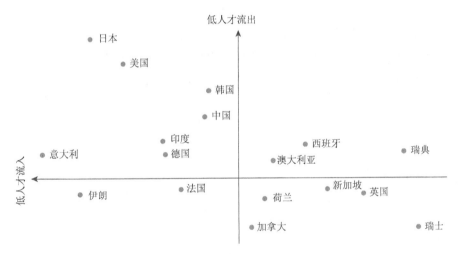

图 6.5　全球主要国家的人工智能人才流动散点图

2. 全球人工智能领域投融资发展状况

全球资本市场对人工智能初创企业的投融资继续稳步上升。图 6.6 为 2009 年～2019 年 10 月全球人工智能领域初创企业的融资趋势，可知，全球人工智能领域初创企业融资额由 2010 年的 13 亿美元快速增长到 2018 年的 404 亿美元（截至 2019 年 11 月 4 日，全球人工智能领域初创企业融资额为 374 亿美元），年复合增长率超过 50%。2009～2017 年，人工智能领域初创企业的融资增长较为缓慢。2018 年以来，人工智能领域初创企业的融资额突增，2018 年全球人工智能领域初创企业的融资额是 2017 年全球人工智能领域初创企业融资额的近 2 倍。

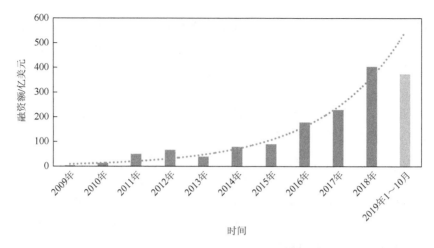

图 6.6　全球人工智能领域初创企业的融资趋势

进一步，图 6.7 为 2009～2017 年全球投资额超过 4 亿美元的人工智能初创企业数量的发展趋势，可知，2009～2017 年，共有 16656 家人工智能初创企业拥有超过 4 亿美元的投资。全球人工智能初创企业平均投资额约为 86 万美元。资本市场对人工智能初创企业的投资在不断增长，2017 年投资额超过 4 亿美元的人工智能初创企业已有 3764 家。

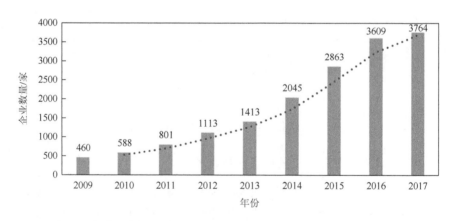

图 6.7　全球投资额超过 4 亿美元的人工智能初创企业数量的发展趋势

以行业为划分标准，分析人工智能应用场景的投资结构。图 6.8 为 2018 年 1 月～2019 年 10 月全球资本市场对人工智能应用场景的投资结构。获取投资最多的五个应用场景分别为自动驾驶（投资额为 77 亿美元，占比为 9.90%）、药物和医疗（投资额为 47.5 亿美元，占比为 6.10%）、面部识别（投资额为 47 亿美元，占比为 6.00%）、视频内容（投资额为

36 亿美元，占比为 4.50%）和金融欺诈识别（投资额为 31 亿美元，占比为 3.90%）。其中，最受全球资本青睐的是自动驾驶，其投资额是排名第二的药物和医疗投资额的 1.6 倍。资本市场对人工智能底层技术的创业公司越来越青睐。

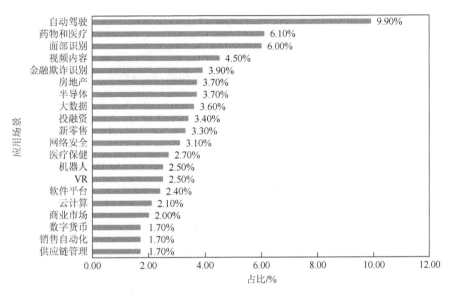

图 6.8　2018 年 1 月～2019 年 10 月人工智能应用场景的投资结构

对 2018 年 1 月～2019 年 10 月不同人工智能应用场景投资额的增长率进行分析。由图 6.9 可知，投资额增长最快的应用场景是机器人，增长率达到 928%。与 2018 年 1 月相比，2019 年 10 月投资额增长率超过 200%

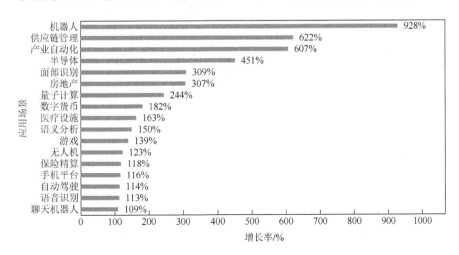

图 6.9　2018 年 1 月～2019 年 10 月人工智能应用场景投资额增长率

的人工智能应用场景有机器人、供应链管理、产业自动化、半导体、面部识别、房地产和量子计算。通过对不同应用场景投资存量和投资增量的比较可知，全球资本市场对人工智能领域的投资越来越多样化，越来越青睐新应用场景，与传统领域的融合应用受到资本市场的追捧。

6.1.5　国际人工智能产业创新策源现状评述

综合来看，美国、中国、英国和日本在人工智能发展方面表现突出，其他国家也各有特点。美国在人工智能专利数量、硬件、企业数量、人才流动和融资规模等方面位居全球第一，人工智能发展整体实力排名第一；中国在人工智能科研论文数量、企业数量和融资规模等方面位居全球前二，并呈现追逐态势。

从资本市场对人工智能领域的投融资来看，资本市场将投资重点放在了拥有人工智能核心技术和具备人工智能研发能力的初创企业上。同时，人工智能在传统行业的应用场景受到资本市场的追捧。

从人工智能相关企业数量和融资规模来看，主要集中于中国和美国，这意味着人工智能商业化程度与发展由美国和中国主导。

从人工智能国家级战略规划来看，中国和美国都提出了成为人工智能发展领导者的战略规划和愿景，其他国家依据资源禀赋和各国国情，提出了各有特色的战略规划和愿景，例如，印度致力于将人工智能应用方案推广到其他发展中国家。

6.2　全球重要国家人工智能战略导向

为得到对我国人工智能产业创新策源能力有借鉴意义的国际经验，本书介绍美国、德国和韩国的人工智能战略导向。

6.2.1　美国政府人工智能战略导向

2021 年 3 月，美国人工智能国家安全委员会（National Security Commission on Artificial Intelligence，NSCAI）向总统和国会提交《人工智能：最后的报告》（*AI：Final Report*），从国土（信息）安全和技术竞争两个方面全面、详尽地介绍了美国赢得人工智能时代的战略（表 6.6）。随附的《行动蓝图》（*Action Blueprint*）概述了美国政府为实施建议应采取的更为详细的步骤。

表 6.6　美国人工智能战略导向和主要举措

战略导向	战略目标	主要举措
中美人工智能关系	全面推动对华人工智能政策，通过国内投资提高美国人工智能竞争力和韧性	确定中美关系基调为"在合作中竞争"
		增强政府主导力
		建立定期、高水平的美中综合科学与技术对话机制
人才竞争	本土人才培育	通过《国防教育法案Ⅱ》（*National Defense Education Act* Ⅱ），优化美国教育体系
	国际人才吸引	扩宽人才签证渠道、降低申请标准、设置新型签证
创新加速	强化美国联邦政府主导地位	扩大和协调联邦人工智能基金；通过国家人工智能研究基础设施获取并开放更多人工智能资源
	深化公私合作关系	为人工智能等战略性技术创造应用场景；发挥公私伙伴关系及作用；共同应对重大科学、技术和社会挑战
知识产权	将知识产权视为影响国家安全的重要因素	将实施和制定国家知识产权政策与制度作为国家安全战略的一部分，用以激励、扩大、保护人工智能和新兴技术；列出10 项关于知识产权的优先考虑事项
微电子	重整美国在微电子领域的全球引领地位；维持领先中国至少两代人的先进技术；促进尖端微电子制本土化、多元化	提出"国家微电子研究战略"（National Strategy on Microelectronics Research）；综合投入预算 350 亿美元，用以加大对微电子的研究和基础设施的投资
技术保护	建立现代化的出口管制和投资筛选机制	明确美国人工智能军民两用技术保护的总体原则；加强美国技术保护政策的实施效能；根据《2018 年出口管制改革法案》（*Export Control Reform Act of* 2018）的要求，加强对新兴和基础性技术的控制；通过各种改革措施，美国外国投资委员会（Committee on Foreign Investment in the United States, CFIUS）能够更有效地保护国家安全，同时促进新兴技术领域的健康竞争和发展；对关键半导体制造设备实施有针对性的出口管制；保护美国研究环境完整性的建设能力；与盟国和合作伙伴协作，进行国际研究保护工作；加强对研究机构的网络安全支持，对抗国外人才招聘计划；限制与中国军队相关人员和实体的合作
国际技术秩序	美国与盟友和伙伴形成有利的国际技术秩序，赢得与中国等的技术竞争	制定"国际科技战略"（International Science and Technology Strategy, ISTS）；启动"国际数字民主倡议"（International Digital Democracy Initiative, IDDI），提高美国在国际新兴技术研究领域的中心地位；调整美国外交政策及美国在数字时代的大国竞争关系
关联性技术	保持美国在至关重要的 8 项技术和相关平台上的全球领导地位	人工智能、微电子、生物技术、量子计算、第五代移动通信技术和先进网络、自主和机器人技术、先进和增材制造，以及能源系统

《人工智能：最后的报告》中提出，美国要想赢得全球人工智能技术竞争、保持技术领先优势，中国是强劲对手，人才是关键资源，微电子是重要领域，创新生态系统优化是保障，并详尽地进行了战略部署和政策论证。基于此，本书对美国政府人工智能战略导向作如下判断。

1. 中国是赢得人工智能技术竞争的强劲对手

中国人工智能的崛起势不可当，未来 10 年，中国有相当大的机会超越美国，成为人工智能创新的领先中心。这引起美国政府的高度重视。《人工智能：最后的报告》明确了中国是美国赢得人工智能技术竞争的强劲对手，两国竞争远超合作，并设计出一系列针对中国人工智能崛起的战略举措。

1）主基调：在合作中与中国竞争

因为与中国广泛的技术脱钩可能使美国高校和企业失去稀缺的人工智能和 STEM 领域人才，所以美国无法单方面中止与中国在人工智能领域的研发合作和商业贸易。《人工智能：最后的报告》强调中美人工智能是在合作中的竞争，即在合作中建立技术弹性，减少非法技术转让威胁，保护国土信息安全（表 6.7）。

表 6.7　美国与中国人工智能合作中战略防控

序号	战略防控要点
1	如何在不损害美国价值观的情况下与对手竞争，包括自由市场原则、个人自由和政府权限
2	如何确保国防和经济优先事项之间的适当平衡
3	如何在保持硬件优势的同时，不打压依赖于中国市场的国内设计师和生产商
4	如何引导私营部门的发展，在保护国家安全的同时，不扼杀私营部门主导的自由市场创新，更不会将具有破坏性的技术和知识转移给中国
5	如何营造开放的研发合作环境，同时警惕中国利用漏洞
6	如何维持长期的研发合作战略，应对迅速变化的地缘政治和技术发展
7	如何确保投资/资本的自由流动，而不允许中国获得战略优势
8	如何在不把具有破坏性的技术和知识转移给中国的情况下，吸引中国高端人才
9	如何与盟友和合作伙伴接触，减少它们对中国数字技术的依赖，建立更具弹性的供应链，并制定反映民主价值观的技术标准和规范

2）对内：增强政府主导力

美国政府期望组建一个能够对国内经济、国家安全和科技政策施加引力的权力中心——技术竞争力委员会（Technology Competitiveness Council，TCC），以发挥更加强硬的主导作用。《人工智能：最后的报告》建议在总统执行办公室下设技术竞争力委员会，加强美国政府在技术政策方面的行政领导。技术竞争力委员会将确保填补国家经济委员会（National Economic Council，NEC）、科学和技术政策办公室（Office of Science and Technology Policy，OSTP）、国家安全委员会（National Security Council，

NSC）职责之间的空白，并与美国行政管理和预算局（Office of Management and Budget，OMB）联系起来，协调技术政策中安全、经济和科学的优先项，将技术政策和关注从技术层面提升到战略层面，制定国家技术战略并对其实施进行监督，如图 6.10 所示。为了协调技术竞争力委员会的工作，有必要设立总统技术竞争力助理一职，负责确保与新兴技术有关的政策得到高层的关注。

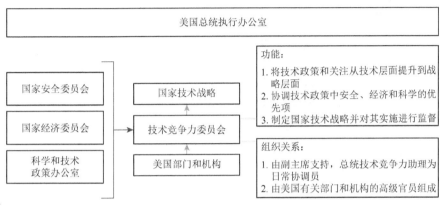

图 6.10　美国技术竞争力委员会的关系和责任说明

3）对中：建立定期、高水平的美中综合科学与技术对话机制

《人工智能：最后的报告》建议建立定期、高水平的美中综合科学与技术对话机制，并敦促中国遵守国际准则。对话聚焦新兴技术带来的挑战，包括人工智能、生物技术和双方商定的其他技术。对话有两个总体目标：确定新兴技术合作的目标领域，以应对气候变化和自然灾害救济等全球挑战；在美中两国关系的当前发展阶段，提供一个交流平台，让双方能够就新兴技术的具体应用表达各自的关切和立场，促进理解和互信。

2. 人才是赢得人工智能技术竞争的关键资源

《人工智能：最后的报告》建议美国实施全渠道人工智能人才战略，对所有人工智能人才渠道进行投资，以保持现在和未来人工智能的前沿地位。

1）人工智能人才体系设计

为了在人工智能领域取得主导地位，美国应构建包括四类人才原型（研究人员、开发人员、终端用户、产品消费者）的人工智能人才体系，如图 6.11 所示。

人工智能研究人员：专注于半自主和全自主系统的技术研发。他们是算法专家，拥有现代人工智能研究的最新知识，可能参与想法的初始化，推动开发周期，从研究到测试一个重大项目的原型或一个重大项目的组成部分。

人工智能开发人员：负责数据清洗、特征提取、选择和分析；模型训练与调整；维持与领域知识专家和最终用户的伙伴关系；发现当地的开发机会。与人工智能专家相比，开发人员需要的培训和教育更少，他们需要的培训、教育和/或经验大致相当于副学士学位或学士学位，包括数据处理和模型训练中的相关伦理和偏见缓解。

人工智能终端用户：日常业务将会被人工智能增强/激活。人工智能的使用将非常类似于目前可用的软件的使用，需要一些系统特定的培训，但是，除了一些管理数据的职位，很少或没有人工智能特定的专业知识。

人工智能产品消费者：了解人工智能产品在市场上的重要性和技术先进性，在购买技术时能做出更好的消费者选择。

图 6.11　美国人工智能人才体系设计

2）全渠道人工智能人才战略

全渠道人工智能人才战略旨在对美国本土人才、国际人才进行差异化政策设计，如图 6.12 所示。

对象：重点面向本科及以上本土学生

举措：1. 通过《国防教育法案Ⅱ》

2. 重点扶持美国基础教育、高等教育中的数字技能培养（向25000名本科生、5000名硕士研究生、500名博士研究生提供STEM项目奖学金）。

3. 弥补美国教育系统缺陷

本土人才培养　赢得竞争　国际人才吸引

对象：人工智能技术研发人员、创业者

举措：1. 将人才吸引政策+技术转移政策有机结合

2. 拓宽O-1签证的适用范围，重点面向人工智能学术界和产业界的人才

3. 贯彻和宣传国际企业家规则

4. 扩大和明晰H-1B、O-1签证和其他临时工作签证的高技能工人更换企业时限和条件

5. 弥补上届政府失误而导致的绿卡问题

6. 向美国认证的高校STEM类博士毕业生颁发绿卡

7. 就业绿卡数增加一倍，偏向对STEM和人工智能领域人才给予永久居住权

图 6.12　美国全渠道人工智能人才战略

（1）本土人才培育：通过《国防教育法案Ⅱ》。目前美国 STEM 教育体系既没有能力也没有资源为美国市场或国家安全企业提供足够的 STEM 领域或人工智能人才。为了赢得竞争，美国必须改革其教育体系，

通过《国防教育法案Ⅱ》，扩大本土数字人才库。

《国防教育法案Ⅱ》将重点资助美国基础教育、高等教育中的数字技能培养（建议向 25000 名本科生、5000 名硕士研究生、500 名博士研究生提供 STEM 项目奖学金）；弥补美国教育系统中基础教育、高等教育的缺陷。

（2）国际人才吸引：放宽签证政策。在国际人才吸引方面，一改特朗普政府的"排外风格"，将人才吸引政策与技术转移政策有机结合；拓宽 O-1 签证[①] 的适用范围，重点面向人工智能学术界和产业界的人才；贯彻和宣传国家企业家规则；扩大和明晰 H-1B 签证[②]、O-1 签证和其他临时工作签证的高技能工人更换企业时限和条件；弥补上届政府失误导致的绿卡问题；向美国认证的高校 STEM 类博士毕业生颁发绿卡；就业绿卡数增加一倍，偏向对 STEM 和人工智能领域人才给予永久居住权，等等。

3. 微电子是赢得人工智能技术竞争的重要领域

《人工智能：最后的报告》将微电子独列一章，认为微电子是赢得人工智能技术竞争的重要领域。尽管美国在芯片设计方面仍具有竞争力，但是在制造尖端芯片方面已经落后于韩国等竞争对手（图 6.13）。美国在微电子领域的领先地位正在下滑，这导致美国对芯片的进口依赖，使美国在经济和军事方面处于不利位势，存在战略上的脆弱性。

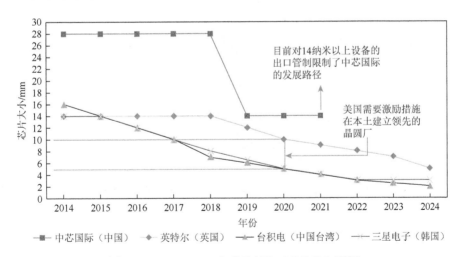

图 6.13　2014～2024 年芯片制造工艺比较与预测

---

① O-1 签证是一种非移民签证。对于在科学、艺术、教育、商业或体育方面具有杰出才能或在电影和电视行业有卓越成就的人士，O-1 签证允许其在美国工作和提供服务。

② H-1B 签证是美国为引进国外专业技术人员提供的一种非移民工作签证，适用于获得学士以上学位并且从事相关专业的外籍人士。

《人工智能：最后的报告》提出"国家微电子战略"，以重振美国在微电子行业的领先地位。尽管在芯片制造工艺方面韩国超越美国，但是"国家微电子战略"仍瞄准潜在威胁最大的中国，明确提出"保持微电子技术领先中国两代人"的目标。"国家微电子战略"由美国国务院（United States Department of State）、美国国防部（United States Department of Defense）、美国能源部（United States Department of Energy）、美国商务部（United States Department of Commerce）和美国财政部（United States Department of the Treasury）等多个部门协同实施；鼓励微电子基础研究；通过一系列技术转移禁止条例等手段防止技术非法转移竞争对手；加强建设完整、具有竞争力的本土微电子供应链，减少对全球多元化微电子供应链的依赖。此外，《人工智能：最后的报告》建议加大联邦政府对微电子的研发投入；为半导体设施和设备制造商提供40%可退还的投资税收抵免（图6.14）。

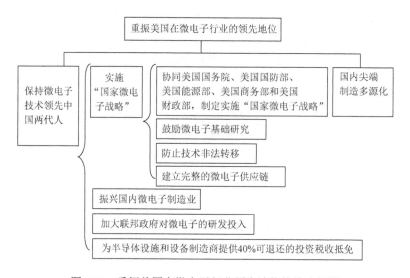

图6.14　重振美国在微电子行业领先地位的战略部署

4. 创新生态系统优化是赢得人工智能技术竞争的保障

《人工智能：最后的报告》提出，美国人工智能创新生态系统中主体及要素基本齐备。优化人工智能创新生态系统，提高各个主体创新能动性和各个创新要素产出效率是美国赢得人工智能技术竞争的基本要素，主要聚焦三个方面。

（1）为人工智能创新生态系统"注血"，加强联邦政府对人工智能的基础研究投入。美国人工智能创新的关键是独创性的基础研究。然而，对美国人才流动数据的分析发现，越来越多的人工智能人才从高校（侧重基础研究）流向企业（侧重应用研究）。联邦政府资助拨款逐年滑低的申请成功率和越发复杂的官僚程序致使高校师生被大型科技企业所吸引。长期下去，这势必掏空美国在人工智能基础研究领域积累的研发优势。同样，基于神经网络理论的人工智能算法和技术不断开展的渐进性创新会导致研发成本不断上升，内卷性竞争将愈演愈烈。这也意味着人工智能初创企业在美国的成长路径越来越窄，削弱美国在人工智能研发方面的创新能力和全球竞争力。只有在基础研究领域实现颠覆性创新，才会为人工智能技术创新带来可持续的、外卷性的良性竞争。因此，《人工智能：最后的报告》提出创新生态系统优化是赢得人工智能技术竞争的保障，要求加强联邦政府对人工智能的基础研究投入。具体举措如下：①建立国家技术基金（national technology foundation，NTF）；②增加非国防人工智能研发资金，每年翻一番，2026 年达到 320 亿美元；③优先资助人工智能关键领域；④将人工智能研究所数量增加三倍；⑤资助风险大的人工智能项目。

（2）为人工智能创新生态系统夯实基础，建设并开放国家人工智能研发基础设施。通过建设并开放国家人工智能研究基础设施，美国创新主体可以实现对计算环境、数据和测试设施的自由访问，鼓励社会人工智能爱好者（非人工智能从业者和研究人员）进行人工智能前沿探索。国家人工智能研究基础设施包含 5 个部分：①国家人工智能研究资源（National AI Research Resource，NAIRR），为了弥合"计算鸿沟"，NAIRR 将为经过验证的研究人员和学生提供可扩展的计算资源的补贴；②一套特定领域的人工智能研发测试平台，该平台由多个联邦机构赞助，提供可访问的资源设施，建立准入标准，围绕影响公共利益的人工智能应用领域建立探索空间；③大规模、开放式的训练数据，包括管理、托管和维护复杂数据集，鼓励私营部门和学术界共享数据集，为数据工程师和科学家团队提供资金，并解锁目前由政府持有的公共数据；④开放式的知识网络，在科学和技术政策办公室的协调下，与盟友和合作伙伴共建开放式的知识网络、高效运行的人工智能系统；⑤与盟友和合作伙伴的研究机构建立多边人工智能研究机构。

（3）为人工智能创新生态系统增加动力，建立更为紧密的公私合作关系。美国在人工智能等技术方面的领导地位取决于更密切的公私合作：①为人工智能等战略性技术开拓应用市场，政府通过促进联邦机构对人工智能的技术采购，推动人工智能技术应用，有利于维护国家安全和公众利益；②形成以战略性新兴技术为核心的区域创新集群网络，政府规划以人工智能等战略性新兴技术为重点的创新集群，为集群内人工智能产学研的参与者提供税收优惠、研究资助和准入标准；③为人工智能竞争力联盟提供私人资金，鼓励行业建立非营利组织，在 2023～2028 年提供 10 亿美元的资金，拓宽人工智能研究机会，支持人工智能技能获取和教育。

6.2.2 德国政府人工智能战略导向

为推动德国在人工智能领域的研发、技术应用及产业政策，德国联邦政府于 2018 年出台了《联邦政府人工智能战略》，力争通过创立"人工智能-德国制造"的新品牌来保持德国的核心竞争力。

2020 年底，德国联邦政府根据近两年国际形势的变化及新冠疫情的冲击对人工智能技术提出的新需求，对 2018 年版《联邦政府人工智能战略》进行了修订，并由内阁表决通过。修订版《联邦政府人工智能战略》从人才培养、基础研究、技术转移和应用、监管框架、社会认同五大重点领域确定了未来的一揽子计划。至 2025 年，德国联邦政府对人工智能领域的资助将从 30 亿欧元增加到 50 亿欧元（孙浩林，2021）。

1. 关注人工智能职业人才培养

不同于美国，德国联邦政府人才培养政策重点部署对高等教育和职业教育阶段人工智能人才的培养和对人工智能研发人员工作与研究环境的创造。主要举措如下：①为应用科技大学的青年研究者创造具有吸引力的工作与研究环境，加大资助力度；②开展人工智能挑战赛，创建"人工智能德国造"奖项以奖励人工智能人才；③与德意志学术交流中心（Deutscher Akademischer Austauschdienst，DAAD）共同设立新的青年研究者资助计划；④资助基于人工智能和大数据的高校教育数字化创新；⑤开设人工智能课程，培养未来学术人才；⑥利用人工智能提高高校的教学质量和水平；⑦基于人工智能，构建职业教育在线技能提升网站；⑧开展创新挑战赛（职业教育数字平台），构建创新的、以用户为导向的、可持续的数字继续教育空间；⑨与各州协商提高人工智能教授的工资水平；⑩打造区域创新集群，设立针对青年女性的人工智能教育计划（赵程程，2022）。

2. 深化人工智能基础研究

凭借在人工智能基础层领域的较早布局，当前德国的人工智能基础研究水平处于全球领先地位，需要维持和提高这一核心竞争力，确立和提升德国甚至欧洲在人工智能技术发展过程中的主导权。主要举措如下：①建立全球领先的欧洲人工智能网络——"人工智能欧洲制造"（AI Made in Europe）；②加快高斯超算中心（Gauss Supercomputing Center）百亿亿次超级计算机的扩建及相关高性能算法的开发，在国家高性能计算邦州联合资助框架内建设基于需求的超算基础设施，供全国高校等相关主体使用；③通过德国宇航中心加强国家关键基础设施中安全人工智能系统的研发；④推出新的资助计划，支持医疗领域用于流行病预测的人工智能辅助系统和护理领域人工智能系统的研发；⑤扩大"计算科学与生活"项目资助范围，重点关注人工智能在传染病流行病学数字化中的应用；⑥加大"地球观测中的人工智能应用"项目资助力度，重点支持人工智能在可持续经济中的创新应用；⑦加强公民安全领域可信赖人工智能应用研究；⑧设立生产制造领域人工智能应用的资助措施；⑨设立合成数据生成的资助措施；⑩构建数字健康发展中心，支持基于数据的数字医疗（特别是数据）在癌症治疗和传染病学领域的应用；⑪开展"用于网络安全的人工智能"和"通信网络中的人工智能"资助计划的相关项目；⑫开展各项创业资助计划，加强基于人工智能的商业模式和产品的安全性；⑬开展"节能型人工智能系统"和"面向未来的专用处理器和开发平台"试验性创新挑战项目；⑭实施人工智能在农业、食品、健康饮食和农村领域应用的相关资助项目；⑮加强对人工智能系统安全性和鲁棒性的研究；⑯开发用于检测人工智能系统特性的方法和工具；⑰构建应用于出行领域的人工智能和自学习系统创新中心，加大对自动驾驶复杂场景应用的研发力度；⑱继续和扩大"环境、气候、自然和资源领域的人工智能灯塔"项目，重点开展人工智能在气候保护和资源节约领域的创新应用（孙浩林，2021）。

3. 加速技术转移和拓宽应用场景

为了巩固和提升德国甚至欧洲在全球人工智能领域的竞争优势，德国联邦政府指出，要全面开拓人工智能技术应用场景，加快人工智能从技术研发向行业应用的转化。主要举措如下：①在现有的"EXIST-大学创业"（EXIST-University-based Startup）资助计划中新设人工智能资助重点和相关具体措施；②在"德国加速器"（German Accelerator）计划中新设针对人工智能初创企业的资助计划；③成立新的应用中心，促进中小企业 4.0 能力中心（Mittelstand 4.0-Kompetenzzentrum）和人工智能研究中心的交流与合作，并使中小企业成为研究全流程的重要一环；④在美国硅谷设立创业和服务代表处，为德国相关政府部门、机构和人员提供服务；⑤通过"欧洲数据云"（GAIA-X）计划构建具有竞争力且安全可靠的互联数据基础设施,重点资助中小企业和农业领域的应用案例;⑥资助基于人工智能的创新型出行方式,重点是城市出行、乡村地区连接;⑦评估和测试人工智能技术在联邦信息通信项目中的应用;⑧每年举办人工智能技术转移大会,加强人工智能成果转化方面的计划和机构间的联系;⑨通过创新挑战赛,促进人工智能在解除流行病危机方面的应用;⑩加大对中小企业人工智能研发和应用的资助力度;⑪建立各行业和专门领域的人工智能应用中心;⑫加强人工智能在基础研究中的应用,通过大型研究基础设施探索宇宙和物质;⑬促进人工智能方法在物理、地球科学和系统生物学中的跨学科应用和技术转移;⑭促进人工智能作为关键技术在航天领域的应用,以及其在汽车制造、现代交通、船舶制造、农业和护理等领域的技术转移;⑮利用人工智能处理和评估遥感信息;⑯继续发展和扩大现实实验室网络,并加大跨主题"现实实验室"项目遴选力度;⑰构建物流领域人工智能创新集群,在数据和平台竞争中加强德国的物流能力;⑱资助人工智能学习和试验区;⑲建立人工智能和大数据应用实验室,利用人工智能实现更好的环境监测;⑳构建一套指标体系,监测人工智能在社会领域的应用,特别是在就业领域的应用;㉑参与并扩大"全球人工智能合作伙伴关系"(Global Partnership on Artificial Intelligence, GPAI)。

4. 构建监管框架

人工智能是新一轮产业变革的核心驱动力,其广泛应用不仅能为经济发展注入新动能,而且能有效提高社会治理的能力和水平。然而,作为一项影响面广的颠覆性技术,人工智能不可避免地会引发改变就业结构、冲击法律及道德伦理等问题,必须高度重视人工智能可能带来的安全风险挑战。因此,德国联邦政府提出发展和应用人工智能系统的具体要求,并为其构建负责且普惠的框架。主要举措如下:①研究欧盟委员会提出的人工智能相关法案建议能否有效降低人工智能应用的风险并顺利执行这些法案建议;②研究相关法律法规的可行性,包括开发、构建和应用人工智能的法律框架;③构建劳动保护和劳动安全体系;④实施"人工智能标准路线图",在现有和正在开发的监测技术基础上制定人工智能系统的监测标准,包括鲁棒性、安全性、可靠性、完整性、透明度、可解释性和非歧视性等;⑤整理人工智能引起的劳动、社会、环境等法律领域的调整需求,评估相关调整建议;⑥构建合作网络,与全球人工智能治理相关的国际标准和管理论坛、技术标准制定委员会等携手推动国际人工智能治理(孙浩林,2021)。

5. 促进社会认同与参与

随着人工智能在日常生活中的普及，人们对这一技术的信赖与日俱增，但仍然存在信息缺失等问题及其他顾虑。德国联邦政府将为"以人为本"的人工智能的引入和应用提供支持。主要举措如下：①完善具有普惠性的人工智能生态系统，包括开展"公民创新平台""公民数据实验室""公民绿色技术实验室"等项目；②支持用于消费者日常生活的人工智能应用；③资助和推进旨在保护、探索、连接和推广文化内容的项目建设；④具备旨在探索和验证媒体内容以保护认知多样性的人工智能能力。

6.2.3　韩国政府人工智能战略导向

为了打造具有全球竞争力的人工智能技术创新生态，以寻求新一轮科技革命和产业变革的竞争优势，韩国统筹国内、国际两个大局，采取了一系列重大举措（图 6.15）。在对内发展方面，韩国政府重点部署完善人工智能战略规划，优化人工智能高等教育培养体系，推进人工智能基础研究和高级概念，建立政府、产业界和学术界"三边"合作关系，以及构建人工智能社会治理防控体系五个部分。在对外合作方面，韩国与中美两国分别在民用和军用人工智能领域展开合作，借此把握在国际人工智能技术竞争中的战略主动性。

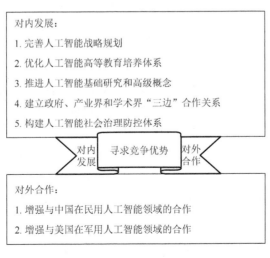

图 6.15　韩国政府人工智能战略布局

1. 完善人工智能战略规划

2018 年 5 月，韩国通过了《面向 I-Korea 4.0 的人工智能国家战略》（*I-Korea 4.0: National Strategy for Artificial Intelligence*），确立了韩国发展人工智能的战略目标、推进体系及预期效果。2019 年 12 月，韩国发布了《人工智能国家战略》（*National Strategy for AI*），将人工智能提升至国家战略高度，并阐述了韩国在人工智能领域的奋斗目标、战略布局及实施路径，旨在推动韩国从"互联网技术强国"发展为"人工智能强国"，力求使韩国在人工智能领域达到世界领先水平。2020 年初，新冠疫情使韩国制造业受到重创。目前，韩国正积极推动人工智能与制造业的深度融合，提高产品的智能化水平，并全面提升产业链、供应链的稳定性和竞争力，抢占人工智能产业发展高地。

2. 优化人工智能高等教育培养体系

面对人工智能人才供不应求的严峻状况，韩国重视建立和完善人工智能人才培养体系。以高等教育为例，韩国主要采取加大对 STEM 领域人才的招生力度、增设人工智能学科、成立人工智能研究中心、加大与国外知名企业或研究机构协同培养人才的力度等措施。例如，高丽大学和成均馆大学的人工智能研究生院自 2019 年开始招生，分别录取 50～60 名硕士研究生、博士研究生。其中，高丽大学设立了人工智能研究所，并与麻省理工学院一起培养人工智能学术人才等；成均馆大学则增扩、改编了基础人工智能学科，并与三星首尔医院、三星电子、NAVER 等企业合作，开设融合研究、协同教育等课程（武琼，2021）。

3. 推进人工智能基础研究和高级概念

韩国首尔建立了人工智能培训基地 Anexas，以推进韩国人工智能底层基础和高级概念的研究水平，主要包括深度网络、结构化知识、机器学习、黑客技术、自然语言处理、人工神经网络、递归神经网络（recurrent neural network）、SOM、玻尔兹曼机（Boltzmann machines）、自编码器（autoencoders）、主成分分析（principal component analysis，PCA）、降维（dimensionality reduction）、模型选择和提升（model selection and boosting）等（武琼，2021）。

4. 建立政府、产业界和学术界"三边"合作关系

为切实满足国家对发展人工智能的迫切需求，韩国不断加强政府、企

业、高校、科研院所在军事和经济两方面的沟通合作。在军事层面，韩国高度重视无人化作战系统及其关键技术。在经济层面，韩国积极推进人工智能与制造业的深度融合。例如，2020 年 2 月，在韩国政府的支持下，韩国成立了由韩国电信（Korea Telecom，KT）公司、现代重工（Hyundai Heavy Industries）集团、韩国电子与电信研究所（Electronics and Telecommunications Research Institute，ETRI）、汉阳大学等机构组成的 AI One Team，构建富有活力的人工智能创新生态，推动人工智能与制造业相融合，以全方位开启人工智能商业化进程（武琼，2021）。

5. 构建人工智能社会治理防控体系

在社会治安方面，人工智能技术可以用来构筑集精确管控、定位追踪、应急救援于一体的社会治安防控体系，极大地提升社会安全水平。早在 2019 年 7 月，韩国电子与电信研究所在首尔市瑞草区安装了 3000 台人工智能摄像头，用于分析犯罪活动发生的概率。若超过一定概率，人工智能系统会提醒地区办事处及附近的警察局派人前往预警地点。在人口老龄化方面，人工智能能够缓解国家因养老服务资源匮乏带来的养老服务供需不平衡问题，助力保障老年人的基本健康养老需求，提升老年人的生活品质。目前，为了减轻医护人员的工作压力，韩国正在加快研发导航机器人、医用机器人、自动护理机器人等各领域的机器人。在医疗健康方面，人工智能凭借在疫情数据搜集分析、机器人辅助治疗、寻找病毒宿主和对人员场所定位跟踪等方面的优势，能够有效提高医疗诊断效率和健康服务质量。新冠疫情暴发期间，韩国将人工智能充分运用在病毒检测、追踪管理病例接触人员、药物研发及注射器生产等方面。例如，红外线体温检测系统被广泛用于筛查发热患者，远程核酸检测采样机器人有效降低了医务人员被感染的风险，使用核糖核酸序列检测新冠病毒的"SENSR"技术在 30min 内就可以检测出人们是否感染新冠病毒。

6. 增强与中国在民用人工智能领域的合作

中韩两国增强在语音识别、人工智能机器人及防疫人工智能系统等民用场景的合作。2020 年初，面对韩国暴发大规模聚集性新冠感染的严峻状况，科大讯飞联手韩国互联网技术服务提供商 Hancom 公司，协助韩国建立了集成认知智能、语音识别等技术的防疫人工智能外呼系统。该系统可以通过电话批量筛查、摸排重点人群健康情况，进而降低人工摸排的交叉感染风险，在准确回访疑似病例和隔离人群、规避人工呼叫中心集中作业的感染风险等方面发挥了重要的作用。

7. 增强与美国在军用人工智能领域的合作

美韩两国持续增强在网络安全、联合演习等方面的合作。2021 年，美国军方进一步拓展人工智能在国防领域的应用，包括情报、监视和侦察（intelligence，surveillance，and reconnaissance，ISR）、网络空间行动（cyberspace operations）、信息操纵和深度伪造（information operations and deep fakes）、指挥和控制（command and control）、半自动和自动驾驶车辆（semiautonomous and autonomous vehicles）、致命自主武器系统（lethal autonomous weapons systems，LAWS）。与美国先进的数字化军事装备相比，韩国存在不小的差距。美国希望利用对韩国军方在人工智能领域的技术援助这一契机增强两国间的政策配合力和军事协调力。韩国也希望能借此机会学习美国军方先进的人工智能技术。在网络安全方面，面对日益频繁的网络攻击，美韩两国每年斥巨资合作开发应对网络安全威胁的人工智能技术。在联合演习方面，在美韩两国举行的"关键决断""乙支自由卫士"联合军演中，两国均采取以计算机模拟为主的演习形式，对人工智能信息系统进行反复测试和升级演化，进而提高各自军队的指挥、控制与通信系统能力。

6.2.4　总体趋势判断

1. 人才将成为各国竞相争夺的首要资源

人才成为全球重要创新型国家竞相争夺的首要资源，是赢得人工智能技术竞争的首要资源。美国出台《国防教育法案Ⅱ》，完善本土基础教育和高等教育体系，将与人工智能相关的统计学、计算机原理等基础性学科融入基础教育教学课程，从根源出发，培育人工智能本土人才。无独有偶，韩国重视建立和完善人工智能高等教育培养体系，德国关注人工智能职业人才的培养。

2. 各国将聚焦建立更为紧密的公私合作关系，凸显人工智能企业的军民两用性

一方面，美国和韩国正在建设由国防部统筹的数字生态系统，整合通过验证的人工智能企业和人工智能商业产品，扩宽商业人工智能技术的应用场景。另一方面，美国一改"不干预"的政策传统，规划设计人工智能等战略性新兴技术的创新集群。通过为集群内人工智能企业和个人提供税收优惠、提高研究资助和准入标准，干预企业由民用向军用的转型。这种

公私合作模式值得我国长期跟踪和研究。人工智能的发展已然不是企业之间的竞争，而是"企业+政府"组合式的竞争。公与私如何合作不仅是美国面临的问题，而且是中国人工智能发展存在的探索性难题。

3. 人工智能基础研究将成为各国研发投入重点领域

人工智能基础研究的突破将会颠覆人工智能产业。首先赢得类脑科学突破的国家将引领新一轮产业革命。因此，人工智能基础研究将成为各国研发投入重点领域。美国将研发重点部署在类脑科学、微电子等基础领域；德国聚焦算力的提升；韩国聚焦算法的优化。

4. 美欧韩日将形成更为紧密的人工智能战略联盟，加快技术标准的出台

美国将与欧洲重要国家，以及韩国、日本等盟国形成更为紧密的人工智能战略同盟，加快构建人工智能技术与监测标准框架。在此过程中，美国将采取一贯的"胡萝卜加大棒"的方式，利用国际影响力，游说盟友中断或放弃与中国企业的商务合作，建立反华联盟。2020 年，为了迎合美国，英国政府违背了此前允许华为有限度参与英国第五代移动通信技术网络建设的承诺，宣布禁用华为设备；印度政府宣布大规模移除中国应用软件（赵程程，2021）。后期这一局面将进一步加剧，甚至波及生物基因等敏感领域。

6.3　国际典型城市人工智能产业创新策源模式

6.3.1　资本驱动创新——纽约

纽约是全球五大城市之一，在世界特大城市范围内是典型的金融和科技创新城市，不仅是全球金融中心，而且是全球科技创新中心，兼具创新资源枢纽功能与创新策源功能。纽约涉及人工智能产业的企业多达 300 余家，国际性研发机构和产业孵化机构合计超 1000 家，科技金融化资产突破 1 万亿美元。作为全球人工智能产业创新策源地之一，纽约科技创新中心加金融中心的体制机制完善，其创新策源模式可以总结为资本驱动创新。

纽约的人工智能产业发展属于市场化行为，采取自由的创新创业体制。同时，纽约市政府具有很强的前瞻性，纽约大学、伦斯勒理工学院及康奈尔大学等众多高校在多年前已经开设人工智能学位点及相关课程，对接和补充纽约对人工智能人才的大量需求及缺口。纽约市政府采取以政策

支持为主而非直接政府主导的方式开展服务，并讨论了人工智能可能对就业造成的冲击、对经济增长产生的影响、提高人工智能产业带来的效益，以及减轻其成本的公众战略方案及预案。

金融支持是纽约人工智能产业高质量发展的重要因素。纽约依靠完善的风险投资，为区域内的人工智能企业创造了一个崭新的金融环境。创新要素流动是人工智能产业繁荣的本质。随着科技的发展，流动要素已从早期的原材料向资金、人才、服务及信息扩展。纽约成熟的高新技术股票和证券市场是不可缺少的条件，著名的纳斯达克就是纽约为自身乃至美国风险投资所量身定制的证券交易市场，具有对各类型创新要素和创新活动的汇聚、筛选、传播能力。同时，纽约拥有容忍失败的创业环境，集中了一批既懂业务又富经验的风险投资家，这些因素对人工智能初创企业十分重要，有助于人工智能企业突破初始阶段后面临的商业化瓶颈，持续为人工智能企业注入发展资金，使完善的产业融资模式能更好地助推人工智能产业的高质量发展。

共享数据开放是纽约人工智能产业高质量发展的另一个重要因素。在数字化时代，政府掌握着社会半数以上的数据资源，是人工智能产业链中最大的数据资源生产者和拥有者。政府数据资源蕴含着巨大的经济和社会价值，人工智能企业对于获取和利用相关资源具有很高的需求。纽约的共享数据开放程度走在世界前列，纽约市政府在数据开放方面提出了明确的政策性要求，并具有较为完善的法律对使用开放数据进行约束及监管。此外，纽约市政府在数据开放的过程中提供了针对不同用户的数据格式与工具，以便于人工智能企业调用和分析数据，大幅提高了数据的实用性。纽约市政府支撑和推广人工智能产业相关科技创新活动，促进了中小型人工智能企业的创新行为。纽约通过塑造良好的开放性、自由性的创新形象，吸引了大批涉足人工智能产业领域的中小型企业落户扎根，有效增进人工智能产业的创业者与投资者对纽约的正面认知，吸引创新要素集聚，激发人工智能产业科技创新生态活力。

6.3.2 政府共治的多元化高效创新——伦敦

伦敦的人工智能产业近年来发展迅猛，吸引了大批涉及人工智能产业的创业者，是欧洲集聚人工智能企业最多的地区，被诸多业界人士认为是与旧金山、纽约等全球科创中心并列的全球人工智能产业创新策源地。伦敦作为各大互联网巨头布局人工智能的发展基地，其基于政府共治的多元化高效创新的策源模式值得借鉴。

　　政府共治与支持是伦敦人工智能产业创新策源模式的第一个主要特征。伦敦市政府通过构建多级政府共治的科创行政管理体系，为人工智能产业发展提供政策支持和相关制度保障，并依靠伦敦发达的金融业给予相关企业充足的运作资金。伦敦市政府一方面基于国家的宏观调控与财政优惠支持人工智能领域的创新活动，另一方面通过构建保障机制持续为相关企业兜底。1982 年，伦敦市政府启动"阿尔维计划"（Alvey Program），投资 3.5 亿英镑，支持软件工程、人机接口、智能系统和超大规模集成电路等领域共 150 个研究项目，为人工智能的发展提前布局；2013 年，伦敦市政府投资 1.89 亿英镑，发展大数据技术和节能计算；2015 年，伦敦市政府投资 7300 万英镑，用于开发大数据技术，并大力支持数据开放。

　　多元化创新是伦敦人工智能产业创新策源模式的第二个重要特征。伦敦"伦敦-牛津-剑桥"这一黄金三角地区具备密集的教育研究资源和深厚底蕴，拥有以牛津大学、剑桥大学、帝国理工学院和伦敦大学学院为中心的世界顶级人工智能相关学科群之一，形成了良好的多学科生态。同时，阿兰·图灵研究所等众多人工智能研究机构在技术实力上处于全球领先地位。高校、科研院所与伦敦众多的人工智能企业形成了强效的联动机制，人工智能人才不断流动、补充，提高伦敦人工智能产业领域相关企业的整体水平。伦敦人工智能企业的领先优势集中在深度学习和算法上，大量扎根于算法的初创企业技术成果转化周期非常短，部分基础研究成果在伦敦市政府的帮助下直接转化为创业项目，并通过依附互联网巨头公司的方式（表 6.8），丰富自身的创新要素和应用场景，为拥有大量数据和应用场景的公司提供技术支持与服务，使得伦敦人工智能产业的创新活动进一步呈现多元化的特点。

表 6.8　互联网巨头收购伦敦人工智能企业

人工智能企业	人工智能相关领域	互联网企业
DeepMind	深度学习	谷歌
Magic Pony	机器学习、计算机视觉	推特
PredictionIO	机器学习	Salesforce
True Knowledge	语音识别	亚马逊
Graphcore	芯片	博世
Drak Blue Labs	深度学习	谷歌
Vision Factory	深度学习	谷歌
VocalIQ	语音交互	苹果

高效创新是伦敦人工智能产业创新策源模式的第三个重要特征。伦敦的研发投入占生产总值的比例明显低于英国整体的研发投入占 GDP 的比例。即使将伦敦与欧洲各主要城市进行对比，伦敦研发投入占生产总值的比例也处在较低的水平，但是其产出排在前列。伦敦每百万人专利数量和在海外注册的专利数量较多，良好的创新资源为人工智能产业提供了重要的创新环境。伦敦深厚的产业基础为人工智能技术的应用提供了广阔的空间，使众多行业的业务流程得以改进。此类人工智能企业规模较小，但竞争颇为激烈，人才及科研资源流动频繁。伦敦市政府顺应人工智能产业的市场发展变化，积极为中小型人工智能企业提供创业贷款和专利合作政策，鼓励个人与企业合作实现创新理念快速商业化。伦敦市政府推进设立由企业资助的高校人工智能硕士研究生课程，通过市场调研设立人工智能课程，以满足雇主企业的多方面需求。同时，伦敦市政府深刻理解人工智能产业发展的本质在于人才，通过设立线上人工智能课程和持续的专业技能培训，充分发挥大众组织在创新上的灵活性，助力人工智能领域多样化、高效发展。

6.3.3 倡导落地引导需求、政产学研协同合作——东京

东京凭借本土企业极强的创新能力和国际创新枢纽中心的地位，立足其人工智能产业硬件的技术优势，积极推动人工智能与应用场景（尤其是高新制造业）的融合与落地，以政产学研协同合作机制形成相关的人工智能产业创新集群。同时，东京通过推动政产学研协同合作机制，在人工智能基础研究与应用研究方面不断积累，促进知识溢出与知识转移，加强创新要素的高效协同作用。东京凭借人工智能应用技术密切相关的基础专项技术，不断缩小与以纽约为代表的第一方阵之间的差距，其创新策源模式值得学习。

倡导人工智能应用落地并引导公众需求是东京人工智能产业创新策源模式的一个重要特征。东京具有十分丰富的应用场景，交通、制造及医疗等应用场景都是东京在人口老龄化背景下亟须解决的问题，人工智能与各类应用场景的结合可以大大缓解劳动力短缺带来的压力。智能制造、护理机器人及防灾减灾等应用场景都是东京都政府大力推广的人工智能落地的领域，涌现了大量的商业化成果。在公众的人工智能技术接受程度方面，东京都政府大力推进"社会 5.0"模式，加强高新技术尤其是人工智能技术面向公众的应用，加快促进现实需求导向的人工智能应用技术，从需求端拉动人工智能产业健康发展。同时，

东京都政府大力推行科技惠民的方针，倡导用人工智能改变民生，进一步平衡人工智能产业的供需关系。图 6.16 为东京引导人工智能产业供需关系的路径。

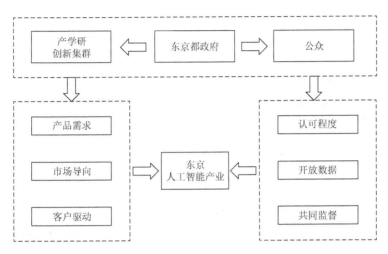

图 6.16　东京引导人工智能产业供需关系的路径

政产学研协同合作是东京人工智能产业创新策源模式的另一个重要特征。东京都政府积极利用人工智能领域的社会组织力量，于 20 世纪便成立了日本人工智能学会。该学会有别于纯粹的学术团体，除相关领域学者外，还集中了日本几乎所有信息通信相关产业的产业巨头和科研院所，同时还有科学技术振兴机构、信息通信研究机构等政府部门。东京都政府为了应对人工智能人才缺口，与高校积极合作培养不同层次的人工智能人才，要求东京高校面向所有在校生提供人工智能基础教育，要求学生理解基本的编程机制，理解人工智能伦理道德，以"实践+科研"的形式推动企业与高校联合培养人才，以政府大力推进教育改革的形式推动人工智能产业的发展。

6.4　"策"视角下的比较分析

6.4.1　产学研合作与科技创新协同计划方面

纽约在以《为人工智能的未来做准备》（*Preparing for the Future of Artificial Intelligence*）、《国家人工智能研发战略规划（2019 年更新）》（*National Artificial Intelligence Research and Development Strategic Plan*：

2019 *Update*）、《人工智能、自动化与经济》（*Artificial Intelligence*，*Automation*，*and the Economy*）为主体的美国人工智能公共政策整体框架下，推出各类科技协同计划，进一步提高纽约在人工智能产业领域的创新能力。纽约十分注重人工智能与城市生态系统的有机结合，通过国际化的环境与人才吸引多元产业的发展，进一步助力人工智能产业发展。例如，纽约积极参与美国国家科学技术委员会机器学习与人工智能分委会（Machine Learning and Artificial Intelligence Subcommittee，MLAI）的建立和推广，由其专门负责跨部门协调人工智能的研究与发展工作，提供技术和政策建议，监督各行业、研究机构及政府的人工智能研发情况。纽约的产业/大学合作研究中心（Industry/University Cooperative Research Centers，I/UCRC）和产业合作组织 Partnership on AI 对人工智能产业创新同样重要。I/UCRC 通过在产业界、学术界和政府之间建立多成员、持续的伙伴关系，衔接基础研究与技术创新，主要开展科学、工程、技术等多个领域的前沿研究，重点关注推动对纽约乃至美国创新和经济发展至关重要的人工智能关键技术。人工智能技术领域是人工智能基础研究一直关注的焦点，设立 I/UCRC 很好地契合新一代信息技术广泛渗透性和技术交叉融合性的趋势。纽约通过创新协同解决基础研究与前沿技术问题，有效加快了人工智能产业成熟速度。

伦敦拥有众多英国排名前 50 位的涉及不同应用场景的人工智能企业，并专门成立了人工智能研究所——阿兰·图灵研究所，围绕阿兰·图灵研究所建立了强效的科技创新联动机制。伦敦通过设立人工智能办公室，统筹协调网络安全、生命科学、建筑、制造、能源、农业技术等 6 个重要部门合作，促进人工智能发展，指导设立人工智能理事会，并与人工智能理事会合作促进人工智能战略实施。人工智能理事会负责监督人工智能产业发展，引导机器人、脑科学、人机交互、计算机视觉和社会科学等多学科人才共同创建人工智能创业企业。1982 年，伦敦启动的"阿尔维计划"支持了软件工程、人机接口、智能系统和超大规模集成电路等领域，为人工智能产业创新协同奠定了基础。2013 年和 2015 年，伦敦更是多次资助大数据领域的发展，旨在解决人工智能在数据方面的瓶颈。

东京的《人工智能技术战略》（*Artificial Intelligence Technology Strategy*）、《人工智能研究开发目标及产业化路线图》（*Research and Development Goals and Industrialization Roadmap of Artificial Intelligence*）进一步明确了各大机构、大企业、创业企业的战略部署，推动人工智能重

点领域研发与落地,促进创新资源流动,实现科技创新协同。东京以研究机构为核心推进数据分析及机器翻译技术与系统的研发。在音像识别、数据分析与机器翻译等领域,研究机构先后设立了脑信息通信融合研究中心、先进声音翻译研究开发中心和数据驱动智能系统研究中心;在自动驾驶、智能医疗和智能制造等领域,企业主导科技研发并与有关高校和研究机构联合新设、加强或扩大新一代人工智能技术研发基地,进一步建立新一代人工智能技术研发三省联动机制①。

上海发布《人工智能创新发展专项支持实施细则》《关于本市推动新一代人工智能发展的实施意见》等一系列政策意见,设立了主要行动目标。上海布局建设 $4+X$ 融合创新载体,聚焦部署十大全球领先创新应用场景、培育国际顶尖创新团队和打造创新龙头企业三大行动目标,围绕目标集聚优势创新资源,开展多项专项行动,如前沿技术联合攻关计划、行业技术应用创新计划、开源开放社区建设计划和算力平台能级提升计划,进一步推动了人工智能枢纽型创新平台建设和产业协同发展。

纽约、伦敦、东京和上海在产学研合作与科技创新协同计划方面各有侧重。纽约注重面向人工智能基础研究开展持续稳定的投入,涉及领域呈现渗透性和交叉性;同时,科技创新协同计划持续时间长,注重人工智能与城市生态系统的有机结合。伦敦注重中小企业对人工智能产业的贡献,高校与科研院所负责重点攻关,人工智能理事会协调引导科技创新及相关资源,旨在进一步加速伦敦人工智能产业的创新和商业化。东京注重政策导向和应用落地,借助发达的软硬件条件推动融合发展,定期召开人工智能技术战略会议,协调总务省、文部科学省和经济产业省三省联动推进人工智能研发应用,管理政府资金,产学研协同、分工合作联合推进,其产学研合作与科技创新协同计划具有很强的战略性。上海侧重人工智能产业创新枢纽建设,旨在成为全球人工智能创新网络的节点城市,围绕专项行动部署产学研合作和科技创新协同计划,通过集聚优势创新资源的形式打造人工智能创新生态环境,开展智能感知、计算处理、智能执行等关键共性技术攻关计划,在顶层设计方面具有优势。

6.4.2　创新社会氛围营造方面

纽约通过培育众多市值超过 10 亿美元的科技产业独角兽企业并大力推动智慧城市发展来带动和提升创新社会氛围。纽约市政府推行 Smart

---

① 三省指总务省、文部科学省和经济产业省。

Screen City 24/7 计划，在为市民提供信息查询服务的同时，作为 WiFi 热点构建全美最大的城市 WiFi 网络，保证数据连接的便捷与廉价。纽约是美国最重要的金融中心和传媒中心，其传统而强大的金融、传媒、文化和零售行业为信息技术行业特别是人工智能产业提供了广阔的应用场景；通过构建多元的产业结构和多样性的文化内涵，人工智能技术不断与城市生活融合，有效营造了积极采用人工智能技术推动城市发展的创新社会氛围。

伦敦在创新社会氛围营造方面更强调公平性和多样性，希望更多的公众和中小企业参与人工智能创新过程，进一步发掘人工智能领域的潜在劳动力。伦敦市政府指导企业多元化计划，例如，为弱势群体提供人工智能指导项目；为女性特别是其职业生涯后期提供额外的支持，从而减少失业者。为了进一步提高公众参与人工智能创新的灵活性，伦敦市政府提供现场托儿服务；借助人工智能理事会的品牌影响力，确保曾经受忽视的群体在人工智能的学术界与产业界也能取得成就，人工智能理事会通过接纳多元化的劳动力群体打破既有的刻板印象，以此拓宽人工智能领域的参与度和包容性。此外，伦敦市政府制定了大规模开放在线课程（massive open online courses，MOOCs）计划，鼓励高校发展先进的人工智能 MOOCs 课程和在线专业发展课程，从而为 STEM 领域人才提供更多的专业知识。

东京的公私合作模式更突出创新社会氛围的战略性，鼓励企业、公众和各类机构运用人工智能技术解决当下面临的各种社会问题，通过节省劳动力的方式提高劳动生产率。东京对医疗资源的需求尤为迫切，政府引导人工智能向该领域渗透，提高医疗行业的效率；应用大于研究是东京创新社会氛围的特点，各个行业与人工智能的结合有效统筹了社会领域的创新要素，以行业的形式推动人工智能创新，并通过人工智能展览会（AI EXPO）的形式将人工智能产品引入公众视野。

上海营造创新社会氛围的特点是通过大力推动公共数据开放和一网通办，实现公共数据的规范采集、共享使用，满足公众及各类机构对人工智能深度学习的数据需求。上海市政府通过提升创新社会氛围，完善科技创新中心相关体系建设，加快打造人工智能发展的优质生态；通过制定公共数据资源开放清单，有序开放教育、医疗、旅游等重点领域数据信息，建设文献语言、图像图形、环境传感、地图位置等多类型行业大数据训练库；大力举办上海开放数据创新应用（Shanghai Open Data Application，SODA）大赛等各类数据开放应用大赛，推动公众运用各种信息技术手段参与城市治理。

纽约、伦敦、东京和上海在创新社会氛围营造方面各有侧重,采取了一系列应对措施和政策。纽约善于利用资本对公众的吸引,提升人工智能的创新社会氛围,同时,政府积极完善相应的设施尤其是网络连接的便利性,构建多元的产业结构和多样性的文化内涵。伦敦侧重发挥公众和中小企业在人工智能创新过程中的灵活性,通过公众参与和市场竞争来提高社会在人工智能领域的创新氛围。东京注重公私合营,以行业和产品带动社会对人工智能的需求,提升公众认知和接受度。上海以数据开放为抓手,通过打造人工智能发展的优质生态及公众参与城市治理的形式,推动创新社会氛围的营造。

6.4.3　科学交流与成果推广应用方面

纽约在人工智能领域科学交流方面走在世界前列,并主持了 2018 年人工智能全球峰会,有 3000 多名与会者、300 多位演讲者和 150 多场分会议。纽约产业的多元性为推广人工智能带来了丰富的应用场景。很多金融公司（如 Bloomberg、BlackRock）,以及网络安全、制造业与健康领域的公司都在积极利用人工智能进行转型。同时,纽约也在政策上支持人工智能成果推广。纽约召开奥莱理人工智能大会（O'Reilly Artificial Intelligence Conference）,直接面向开发者和从业者,侧重介绍和推广应用人工智能领域涌现的一些先进实践方法。纽约市政府于 2017 年开始探索人工智能的各种城市应用可能性,市议会一致认为自动化决策系统（automated decision-making systems,ADS）可以帮助机构更有效地制定决策。纽约市政府成立了专门的政府部门,负责引入包括谷歌、亚马逊在内的高科技企业,并且积极实现数据平等等市场公平化行为,推动人工智能与城市生态系统的有机结合。

伦敦在人工智能领域科学交流方面同样突出,主持召开了 2017 年和 2019 年两届人工智能全球峰会,由跨国企业巨头重点介绍了人工智能的各类解决方案,以及如何运用人工智能提高生产效率,其中包括零售业、能源、金融和银行业、通信、交通和传媒领域。这些科学交流活动有效促进了伦敦人工智能中小企业面向需求提升自身算法的竞争力,同时为寻求国际合作提供了契机。此外,伦敦还于 2017 年举办了 SGAI 国际人工智能大会（Specialist Group on Artificial Intelligence International Conference on Artificial Intelligence）,帮助开发者从人工智能领域的成功经验与失败教训中进行总结学习和成果推广。

东京在成果推广应用方面拥有更为突出的亮点。东京已经连续举办多届人工智能展览会,涉及基础技术、硬件、应用、服务等众多领域,并同期举行高质量的人工智能专家论坛。东京都政府致力于将人工智能展览会打造成人工智能行业的风向标和创新平台,通过商务合作的形式,利用东京强势的硬件基础与全球优质创新资源,推动东京乃至日本的人工智能产业快速发展。

上海同样十分重视人工智能领域的科学交流活动,已举办多届世界人工智能大会。与纽约和伦敦举办的人工智能全球峰会相比,世界人工智能大会注重人工智能技术与中国国情的结合,本土企业尤其是科技巨头为解决上海遇到的实际问题提供了很好的思路和方案。科学交流活动正逐步成为上海推动科创中心建设和重点领域发展的重要手段。同时,上海筹办了多届人工智能展览会,为我国人工智能产业高质量发展提供平台支撑,在促进技术交流、加强贸易合作、提升企业形象方面发挥了积极作用。上海通过推动建设世界级的人工智能应用场景,鼓励全球人工智能最新成果在上海率先"试水",对于市场前景广阔的人工智能创新产品,优先纳入《上海市创新产品推荐目录》,支持政府首购和订购,并着力打造人工智能创新应用示范区,提升公众对人工智能的认知度和接受度,助力人工智能产业发展。

在科学交流与成果推广应用方面,纽约、伦敦、东京和上海具有各自的侧重和优势。纽约和伦敦是全球创新枢纽,在人工智能领域科学交流上具有优势。东京和上海同为各自国家经济发达的城市,侧重应用推广和落地,通过广阔的市场吸引国际领先企业与产品,以合作的形式助力人工智能创新发展与创新策源地的建设。

6.5　"源"视角下的比较分析

6.5.1　人工智能研究基础方面

从城市开设计算机科学和人工智能相关专业的高校数量来看,上海拥有 15 所高校,纽约拥有 8 所高校,伦敦拥有 13 所高校,东京拥有 12 所高校。具体来看,上海与人工智能相关的高校有复旦大学、同济大学、上海交通大学、华东理工大学、华东师范大学、上海大学、上海理工大学、东华大学、上海应用技术大学、上海科技大学、上海工程技术大学、上海电机学院、上海电力大学、上海师范大学、上海纽约大学;纽约与人工智能相关的高校有哥伦比亚大学、康奈尔大学、纽约大学、佩斯大学、伦斯勒理工学院、罗切斯特大学、纽约市立大学、纽约州立大学；伦敦与人工智能相关的高校有伦敦大学学院、帝国理工学院、国王学院、密德萨斯大学、布鲁内尔大学、伦敦大学玛丽女王学院、格林威治大学、伦敦大学金史密斯学院、金斯顿大学、伦敦南岸大学、东伦敦大学、伦敦大学皇家霍洛威学院、伦敦城市大学；东京与人工智能相关的高校有东京都立大学、东京大学、东京农工大学、东京工业大学、早稻田大学、庆应义塾大学、东京理科大学、电气通信大学、东京电机大学、东京都市大学、东京工科大学、芝浦工业大学。上海开设计算机科学和人工智能相关专业的高校数量最多，其次为伦敦。

本书使用麻省理工学院计算机与信息科学学院埃默里·伯杰（Emery Berger）教授构建的全球院校计算机科学排名数据库，对拥有高校人工智能基础研究能力的城市进行分析。该排名主要基于2010～2020年高校师生在计算机科学领域的各大会议上所发表的论文数量，主要包含四个领域：人工智能（artificial intelligence，AI）、系统（systems）、理论（theory）、跨学科领域（interdisciplinary areas）。本书只选取人工智能领域的排名数据进行分析，得到上海、纽约、伦敦和东京的高校数据。在人工智能基础研究领域全球TOP500的高校中，上海拥有4所高校，分别为复旦大学、上海交通大学、上海财经大学、上海纽约大学；纽约拥有7所高校，分别为康奈尔大学、哥伦比亚大学、纽约大学、纽约州立大学石溪分校、纽约州立大学宾汉姆顿分校、伦斯勒理工学院、纽约理工学院；伦敦拥有4所高校，分别为伦敦大学学院、帝国理工学院、伦敦大学玛丽女王学院、密德萨斯大学；东京拥有3所高校，分别为东京大学、东京理科大学、早稻田大学。在人工智能基础研究领域全球TOP50的高校中，上海的复旦大学和上海交通大学分别为第24名和第33名，纽约的康奈尔大学、哥伦比亚大学和纽约大学分别为第4名、第21名和第36名，东京的东京大学为第25名。从四个城市拥有的人工智能领域全球TOP500的高校研究者来看，上海拥有的高端研究者为90人，纽约拥有的高端研究者为160人，伦敦拥有的高端研究者为61人，东京拥有的高端研究者为44人。这意味着在高端研究者数量方面，上海弱于纽约，但是强于伦敦和东京。综上可知，在计算机科学和人工智能相关专业的高校建设方面，上海占有较强的数量优势。在人工智能基础研究能力方面，上海弱于纽约，但是强于伦敦和东京。

6.5.2　拥有人工智能企业方面

中国信息通信研究院2019年4月发布的《全球人工智能产业数据

报告》显示，截至 2019 年 3 月底，全球活跃的人工智能企业数量达到 5386 家。全球人工智能企业数量最多的 5 个城市分别为北京（468 家）、旧金山（328 家）、伦敦（290 家）、上海（233 家）、纽约（207 家），东京未进入 TOP20 行列。

从人工智能领域独角兽企业的城市分布来看，北京拥有 13 家，上海拥有 3 家，纽约拥有 2 家，伦敦拥有 1 家，东京拥有 1 家。从上海与国外三个城市的比较发现，四个城市所拥有的独角兽企业主要涉及人工智能在不同场景中的应用，以提高不同产业和行业的效率。其中，上海的 3 家独角兽企业涉及的场景有安防、医疗、汽车和教育；纽约的 2 家独角兽企业涉及的场景有大数据分析和机器人生产；伦敦的 1 家独角兽企业涉及的场景为医疗和制药；东京的 1 家独角兽企业涉及的场景为机器人。可以看出，四个城市的独角兽企业均出现在人工智能的场景应用和人工智能商业化领域，没有涉及人工智能基础研究和核心技术研发的企业。同时，从上海与北京人工智能领域独角兽企业的比较来看，北京占有数量上的绝对优势，也不乏涉及人工智能基础研究和核心技术研发的企业。这意味着当前上海对人工智能的发展更偏重场景应用。

6.5.3 人工智能应用场景方面

上海市经济和信息化委员会在 2019 年发布的《关于建设人工智能上海高地 构建一流创新生态的行动方案（2019—2021 年）》指出，"聚焦制造、医疗、交通、金融等先行领域，打造以智能芯片、智能网联汽车、智能机器人、智能硬件等重点产业集群"。

纽约对人工智能的应用主要布局于医疗、城市管理、金融、零售和销售、大数据和工业制造等场景。与美国其他城市的人工智能发展规划不同，纽约注重人工智能与城市生态系统的有机结合。充分利用城市特征和产业多元化特征，吸引国际知名企业在纽约设立总部或分部，进一步吸引国际人工智能人才。同时，纽约的产业多样性为人工智能提供了丰富的应用场景。很多金融公司（如 Bloomberg 和 BlackRock）、制造业企业、医疗行业企业积极将人工智能融入企业管理、生产和运作中，向"人工智能+"转型。同时，纽约市政府积极探索人工智能在城市管理场景的应用，开发了自动化决策系统，进行智慧城市管理。

伦敦市政府在 2019 年发布的《伦敦：欧洲人工智能之都》（*London：The European Capital of Artificial Intelligence*）中指出，伦敦将人工智能主要用于教育、金融、医疗、保险、法律、娱乐、零售和销售等场景。凭借全球金融中心的优势，伦敦人工智能产业进一步聚焦金融、保险和法律三个应用场景。

日本政府在 2017 年发布的《人工智能技术战略》(*Artificial Intelligence Technology Strategy*) 指出，包括东京在内的日本主要城市优先发展卫生医疗、工业制造、交通和信息安全等场景，提高劳动生产率，以解决日本社会问题、提高日本经济为出发点。东京聚焦人工智能在自动驾驶和工业机器人领域的应用。本田已在东京设立人工智能研究基地，加强本田在自动驾驶汽车方面的竞争力。

综上可知，纽约对人工智能应用场景的布局主要依赖纽约的城市生态系统，伦敦对人工智能应用场景的布局主要依赖全球金融中心的优势，东京对人工智能应用场景的布局主要依赖其强大的工业基础。相对于其他三个国际城市，上海的人工智能应用场景布局广泛、趋同性高，未能突出与上海城市生态相匹配的优势场景。

6.5.4　人工智能岗位和人才方面

本书以 artificial intelligence、AI、人工智能和人工知能为关键词，对 2019 年 6～12 月四个城市的企业在领英上所发布的人工智能岗位信息进行收集和整理，具体如图 6.17 所示。上海提供 1870 个岗位，纽约提供 5372 个岗位，伦敦提供 9905 个岗位，东京提供 1109 个岗位。这也可从侧面反映出纽约和伦敦人工智能商业化发展更为活跃，东京和上海人工智能商业化发展稍有逊色。

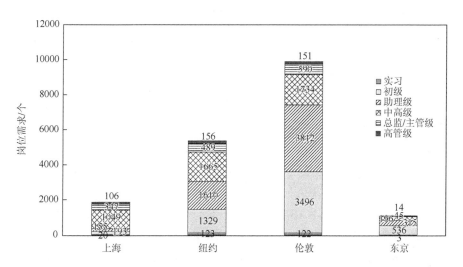

图 6.17　2019 年 6～12 月四个城市的企业在领英上发布的人工智能岗位需求

此外，图 6.17 也显示出了四个城市的人工智能岗位结构。四个城市对人工智能人才的需求主要集中于初级、助理级和中高级层次的人才。从初级人工智能人才的需求来看，伦敦需求量最大，为 3496 个，其次为纽约（1329 个）、东京（536 个）和上海（193 个）；从助理级人工智能人才的需求来看，伦敦需求量最大，为 3812 个，其次为纽约（1610 个）、东京（315 个）和上海（155 个）；从中高级人工智能人才的需求来看，伦敦需求量最大，为 1734 个，其次为纽约（1665 个）、上海（1049 个）和东京（196 个）；从总监/主管级人工智能人才的需求来看，伦敦需求量最大，为 590 个，其次为纽约（489 个）、上海（347 个）和东京（45 个）；从高管级人工智能人才的需求来看，纽约需求量最大，为 156 个，其次为伦敦（151 个）、上海（106 个）和东京（14 个）。

综上可知，相对于伦敦和纽约，上海对人工智能人才的需求量较少。在高层次人才（中高级、总监/主管级、高管级）的需求量上，上海几乎和纽约、伦敦持平。

6.5.5 人工智能政府资金支持方面

整体来看，四个城市所在国家都通过已有研发组织或成立专门管理机构进行人工智能研发资金的统筹、投放和管理，提升其资金使用的效益。上海对人工智能发展的资金支持主要来自中央政府和地方政府。从人工智能科研支持来看，有来自国家自然科学基金委员会、上海市科学技术协会等机构的研究资助。从人工智能发展来看，上海市经济和信息化委员会发布了《关于建设人工智能上海高地 构建一流创新生态的行动方案（2019—2021 年）》，采取了对人工智能产业和商业化的企业进行资助和税收减免优惠等措施。

美国对人工智能发展的资金支持体系呈现多元化。白宫科技政策办公室（Office of Science and Technology Policy，OSTP）成立人工智能特别委员会（Select Committee on Artificial Intelligence），由其负责计划制订及意见反馈，美国国防高级研究计划研究局（Defense Advanced Research Projects Agency，DARPA）、国家航空航天局（National Aeronautics and Space Administration，NASA）、国家标准与技术研究院（National Institute of Standards and Technology，NIST）、国家科学基金会（National Science Foundation，NSF）、美国能源部、国立卫生研究院（National Institutes of Health，NIH）、美国农业部（United States Department of Agriculture）等负责科研管理，多机构协同推动人工智能发展，并通过高校、高科技企业

和其他非营利机构形成完善、顺畅、高效的资金资助渠道。

英国设立专门机构为人工智能基础研究和技术转移提供服务。英国成立人工智能办公室，在伦敦打造阿兰•图灵研究所，协同工程与物理科学研究委员会（Engineering and Physical Sciences Research Council，EPSRC）、科学技术设施理事会（Science and Technology Facilities Council，STFC）和联合信息系统委员会（Joint Information Systems Committee，JISC），以及牛津大学、剑桥大学、帝国理工学院及伦敦大学学院等聚焦人工智能；通过英国科研与创新署（UK Research and Innovation，UKRI）管理的产业战略挑战基金（Industrial Strategy Challenge Fund，ISCF）、小型企业研究计划（Small Business Research Initiative，SBRI）和公共部门技术基金（GovTech Catalyst）等多渠道支持英国人工智能发展。《全球人工智能发展报告（2017）》指出，2000～2006 年，英国累计人工智能融资额占欧洲累计人工智能融资额的 49%，其中，超过 60%的资金集中在伦敦。《全球人工智能发展报告（2018）》指出，2018 年英国人工智能企业融资额达 12.51 亿美元，融资 145 笔，平均每笔融资额为 862.76 万美元。

日本在东京成立国家综合管理机构，统筹协调人工智能产业资金投入。在现有科技创新管理体制下，通过国家综合管理机构协调政府不同部门对人工智能研发资金的统筹管理工作。

6.6　本 章 小 结

本章分析了国际人工智能产业创新策源现状，梳理了全球重要国家人工智能战略导向，并总结了国际典型城市人工智能产业创新策源模式。从"策"视角看，涉及产学研合作与科技创新协同计划、创新社会氛围营造、科学交流与成果推广应用三个方面；从"源"视角看，涉及人工智能研究基础、拥有人工智能企业、人工智能应用场景、人工智能岗位和人才、人工智能政府资金支持方面，纽约、伦敦、东京、上海等城市各有侧重，也采取了一系列应对措施和政策。

第7章 提升我国人工智能产业创新策源能力的优化路径

提升我国人工智能产业创新策源能力，不仅要聚焦基础研究影响力、核心技术引领力、应用场景拉动力、创新资源集聚力、创新创业环境支撑力五个方面，而且要高度重视区域间差异，以及能力短板的补齐和鲜明优势的塑造，更要恪守人工智能产业创新策源能力的结构关系和客观形成过程，通过体制机制改革、系统组织完善、支持引导保障和政策创新等举措，强化能力体系化建设，推进各项子能力要素得到共同提升和系统发展，促进我国人工智能产业创新策源能力从整体到区域的全方位提升。本章在《中华人民共和国国民经济和社会发展第十四个五年规划和 2035 年远景目标纲要》《国家创新驱动发展战略纲要》《新一代人工智能发展规划》等文件指导下，结合本书的评价研究结果及对创新策源的解读和理解，针对当前人工智能产业创新发展过程中面临的突出问题和实践需求，以及人工智能产业创新发展过程中遇到的瓶颈问题，围绕基础研究影响力、核心技术引领力、应用场景拉动力、创新资源集聚力、创新创业环境支撑力五个方面，分别从国家层面和区域层面提出人工智能产业创新策源能力提升的优化路径及政策建议。

7.1 基础研究影响力提升路径

7.1.1 从国家层面

完善基础研究顶层设计、提升产业创新源动力。通过以上对国家层面人工智能产业创新策源能力的比较可以看出，我国在人工智能科研论文数量、人工智能企业数量和融资规模上位居全球前列，并呈现追逐态势。在人工智能基础研究能力方面，美国一直处于领先态势，论文数量高于其他国家；我国人工智能领域论文数量快速增长，在 2009 年及 2014 年后，我国超过美国并取得总量第一的位置。目前，我国人工智能产业创新策源能力仍存在基础研究和核心技术规划布局不聚焦、科技巨头培育及基础研究投入强度不高等一系列不足。通过前面的能力形成机理研究得出，必须通过基础研究影响力这一序参量，推动基础研究影响力与核心技术引领力间的转化，以此为目标来构建基础研究与核心技术规划布局，在此基础上制定相应的政策体系和机制，提高对我国人工智能产业创新策源的系统谋划水平和顶层设计，系统提升人工智能产业创新策源源动力，引导我国人工智能产业创新策源能力提升和人工智能产业可持续高质量发展。

（1）加大人工智能研发投入，巩固基础研究的国际竞争力。加大全社会人工智能研发投入力度，设立人工智能研发专项资金，积极发挥财政资金引导作用，巩固在人工智能基础科学研究领域的国际竞争力，抓好人工智能芯片、人工智能传感器和人工智能算法等核心技术研究和关键技术。加大人工智能相关重大基础工程的研发投入，布局人工智能云计算平台和大数据平台。通过人工智能云平台，向高校、科研院所和企业提供提升人工智能算力的公共服务。整合城市大数据、产业大数据等，促进数据融合，构建特色人工智能大数据库，为我国人工智能产业发展提供数据保障。

（2）制定人工智能产业创新策源能力培育的国家战略，强化战略科技力量。人工智能产业创新策源能力的建设是一个复杂系统工程，需要国家与地方科技创新计划的统筹部署、科研部门的积极支持与协调，只有将人工智能产业创新发展战略提升到国家战略层面，才能高效地协调各地科技创新资源，充分发挥举国体制在人工智能产业创新策源能力建设方面的优越性，推动我国人工智能基础研究影响力与核心技术引领力能级提升。目前，在人工智能领域基础研究与核心技术成果产出方面，高校和科研院所贡献突出，基础研究与核心技术突破成为国家利益和意识的重要体现。将人工智能产业创新发展战略提升到国家战略层面，不仅要推动我国人工智能相关基础研究及核心技术的发展战略与全国层面规划的对接，而且要进一步推动创新资源配置、协同攻关和环境共建，为人工智能产业创新策源地建设提供保障，强化国家战略科技力量，体现国家利益和意志。

（3）制订人工智能领域基础研究与核心技术发展战略实施方案。为保障国家人工智能基础研究与核心技术发展战略高效落实，对接"十四五"期间的建设目标，加快关键领域基础理论等研发突破与迭代应用，需要根据不同区域产业特点和优势学科，制定区域级的细分战略。针对不同的创新主体、不同的基础研究和核心技术、不同的创新项目，制订灵活的任务清单和行动方案，打造不同区域的人工智能科技创新支柱，促进我国人工智能基础研究与核心技术发展战略深入落实，从而应对我国人工智能产业创新策源对提高基础研究影响力和核心技术引领力的迫切要求，为提升我国人工智能产业创新策源能力提供有效保障。

（4）创新科研组织管理模式。人工智能产业创新策源涉及基础研究、技术创新、应用开发等一系列创新活动，需要面对广泛持久的机构协同、创新要素流动等问题。系统组织方式与机构管理模式的完善程度对人工智能产业创新策源能力的形成和提升具有显著的影响，它能为我国推动人工智能产业创新策源提供持续性的内生动力和完善的组织条件。构建合理的科研组织管理模式要从组织系统层面和管理机制层面进行考量。在组织系统层面，政府科技管理部门要从战略情报、战略决策、战略执行等多个方面围绕机构协同进行系统谋划，逐步放开团队建设的自主决定权，实现组织系统异质化，突出主体优势。在管理机制层面，要建立健全围绕任务需求的创新主体、创新资源和引导保障一体化的快速响应和动员调配机制，形成利益共享、适度竞争的协同创新体系。因此，政府在提升人工智能产业创新策源能力的过程中，既要发挥其在组织动员能力上的优势，也要规避行政对创新活动的过度干预，以实现从基础研究、技术创新到应用场景等系统组织内部贯通和统筹。

7.1.2 从区域层面

聚焦基础理论研究，强化前沿基础研究。聚焦人工智能重大科学前沿导向，积极组织实施理论和应用基础两个层面的重大基础科研专项，突破人工智能领域共性理论问题，夯实人工智能科学的理论与技术基础。支持各区域在大数据人工智能、跨媒体感知计算、群体智能、混合增强智能、自主协同控制与优化决策、自主智能无人系统创新性架构、类脑智能计算理论与方法、高级机器学习等重点领域开展研究。

人工智能领域的基础研究既对人工智能产业创新策源能力提升具有重大意义，也对科技、经济及社会治理影响深远。目前核心技术的突破还存在较多问题，人工智能领域基础研究和核心技术各领域科技创新前瞻布局的实施成效不够显著，科技创新成果转化与科技巨头培育水平有待提高。因此，未来应继续完善领域内基础研究和核心技术前沿的战略引领与顶层设计，加快建设承载国家意志的人工智能产业创新策源地，提升人工智能产业创新策源能力。

具体措施和路径如下。

（1）依托区域内现有的人工智能强势学科，大力推动学科间合作和资源优化集中，形成研发和教学合力，不断优化产学研融合机制，建立人工智能领域跨学科深度融合创新体系。

（2）加快人工智能相关学科布局，强化人工智能相关学科的师资力量，扩大高学历人才的培养规模，以市场为导向，高校、科研院所与企业联动，建设人工智能相关领域人才队伍。

（3）整合高校、科研院所现有重大科研基础设施，以此为基础，积极加快国家级重大科研基础设施建设，着力打造世界级大科学设施群，加快培育具有全球影响力的新型研究机构，吸引全球顶尖科学家从事人工智能相关科学活动。

7.2　核心技术引领力提升路径

7.2.1　从国家层面

增强科技交流、聚焦核心技术难题突破。人工智能创新链过度细分，人工智能产业基础研究和核心技术突破往往需要跨越整个创新链，不利于科技创新活动的延续。要进一步推动人工智能产业基础研究和核心技术发展，必须降低两者间创新链跨越的难度。因此，政府应该完善战略部署，注重基础研究与技术创新的延续性，对科学发现与技术发明之间的创造性转化采取各类激励措施，找到人工智能产业创新链的关键堵点，推动人工智能产业科学发现与技术发明的创新链跨越，加快我国人工智能产业创新策源能力提升的速度。

（1）增强科学交流与成果推广，牵头国际大科学计划与工程。科学交流与成果推广应用活动是城市创新策源能力建设的重要体现。我国已成功举办多届世界人工智能大会，在规模和质量方面，与纽约和伦敦举办的人工智能全球峰会相比，仍存在一定的差距。应当进一步扩大世界人工智能大会的影响力，吸引更多科技巨头尤其是国际科技巨头和权威专家的参与，加大创新要素的吸引力度。应当更多地举办国际性的人工智能领域科学交流活动，优化将流量向存量转化的能力，提升基础研究的投入与布局能力，以发起者和组织者身份牵头组织国际大科学计划与工程，弥补领域空白。此外，应当规划和打造更高级别的人工智能展会，充分利用中国国际进口博览会等模式，以更广阔的市场吸引优秀的产业项目和企业落地，为企业搭建技术应用咨询、技术转移和寻找合作伙伴的理想平台，释放企业在各类应用场景的创造力。

（2）优化学科布局，聚焦突破基础研究与核心技术难题。要通过强化基础研究影响力和核心技术引领力发展推动人工智能产业创新策源能力提升,其学科布局必须聚焦基础理论研究、关键共性技术和"卡脖子"问题。在基础理论研究方面,学科布局应以人工智能重大科学前沿为导向,在理论和应用基础两个层面组织实施重大基础科研专项,教育、科研经费向人工智能基础研究领域逐步倾斜,引导、鼓励和支持该领域科研平台与机构的建立、参与和运作;在关键共性技术和"卡脖子"问题方面,学科布局应依托"十四五"建设目标,整合高校、科研院所现有重大科研基础设施,形成高效集成、开放兼容的技术攻关战略部署,为我国人工智能产业创新策源能力提升提供有力的技术创新层面的支撑。

(3)持续推进人工智能科技创新研究项目和经费有效落实工作。人工智能产业研究具有时间跨度长、应用范围广的复杂特点。对人工智能产业核心技术的突破研究和创新引领是一个长期的过程。定期组织相关专家成立评估小组,建立恰当的重点、潜力项目的遴选机制,对不同领域的人工智能科技创新研究项目的研究发展情况和阶段进行动态监测,科学快速地响应基础研究和核心技术的创新要素投入需求,为涉及科学发现与技术发明的创新链跨越的项目提供中介服务,形成科学、广泛的长期监测机制,掌握创新研究项目的阶段和需求,持续推进人工智能科技创新研究项目和经费有效落实工作,推动我国人工智能产业科学发现与技术发明的创新链跨越。

(4)加快科技创新平台建设。目前我国在科技创新平台建设方面已经初见成效,如区域科创数据库和专家库、北京市技术创新服务中心、上海科技创新资源数据中心、上海研发公共服务平台、上海市科技创业中心等。未来应将各类平台进一步融合,同时基于平台建立一套更为完善的服务流程和创新扩散机制,保证科技创新平台数据的准确性和时效性,逐渐将分散于高校、科研院所和企业的科技创新力量汇聚形成合力,满足人工智能产业科学发现与技术发明的对接和合作需求,降低转化成本并提高转化效率,推动我国人工智能产业科学发现与技术发明的创新链跨越。

7.2.2 从区域层面

多策并举支持企业,提升核心技术引领力。以人工智能产业发展需求为导向,结合人工智能产业发展的关键环节及现有产业基础,全面夯实人工智能产业发展基础,超前布局人工智能基础理论和关键核心技术,提升产业核心技术引领力。开发面向人工智能的关键基础技术,发展数据深度搜索、知识深度学习、神经网络等核心算法,重点强化计算机视觉优势,发展新一代语音识别技术、跨媒体感知技术、自主无人智能技术,形成更加成熟、完善的技术体系。优化机制、打通环节、消除堵点,建立并完善以企业为主体、以市场为导向、产学研深度融合的技术创新体系。

具体措施和路径如下。

(1)鼓励社会资本积极参与人工智能产业。鼓励龙头骨干企业、专业化投资机构成立市场化基金,促进社会资本参与人工智能产业发展,为企业提供资金支持、并购重组等服务。

(2)为企业提供贷款利息补贴。对积极发展人工智能产业的中小企业,按照签订的贷款合同实际产生的贷款利息给予贴息,解决中小企业在发展壮大过程中的资金困难。

(3)以领军企业为龙头打造产业创新平台。鼓励各细分领域企业通过产业创新平台提振创新动能,构建以龙头企业为引领的创新网络。面向市场应用需求,突出培育一批具有引领与示范作用的创新企业集群,并由此形成分领域的投资目标。

(4)创新产业商业模式,促进科技成果转化。技术创新成果转化为经济价值需要通过一定的商业模式才能实现,商业模式作为技术创新成果和经济价值的桥梁,新技术的商业化和产业化往往伴随新商业模式的出现。因此,注重人工智能技术商业化的商业模式往往有利于推动人工智能产业发展并形成竞争优势。

7.3　应用场景拉动力提升路径

7.3.1　从国家层面

建立需求导向应用场景、深化拓展应用策动效应。人工智能产业发展态势呈现越来越多的应用驱动特征,传统行业与人工智能融合创新在提供大量应用需求的同时,也对人工智能技术、硬件等领域提出了更高的要求,助推了人工智能产业创新策源。在提升人工智能产业创新策源能力的过程中,必须深化拓展应用场景,发挥示范引领策动效应。虽然我国人工智能产业具有应用场景丰富的优势,但是部分存在与其他国家应用场景雷同的现象。人工智能应用场景的选择和人工智能产业的发展应立足本土,着眼国际。

(1)培育特色优势应用场景,分批次、有序进行人工智能应用场景开发。培育特色优势应用场景,促进人工智能产业与传统产业融通发展是发挥我国在经济、贸易、需求等方面所独有的丰富应用场景优势的重要途径,有利于通过应用场景策动效应拉动人工智能产业创新策源能力进一步提升。分批次进行人工智能应用场景开发,前期应充分发挥区域城市生态系统的优势,聚焦能够解决社会问题、经济问题和城市问题等现实问题,突出本土元素且具有国际发展前景的人工智能应用场景;后期可重点发展能够全球推广的、体现我国综合影响力的人工智能应用场景。

（2）积极开展人工智能应用专项扶持计划。开展人工智能专项扶持计划的根本目的是实现人工智能产业不同应用场景的基础研究与核心技术创新成果的转移转化和产业化发展,获得经济效益,以此打通资本支持创新活动的通道,促进人工智能产业创新策源能力提升。因此,应做好特色优势应用场景研判,充分挖掘应用场景优势,进一步打造面向多种人工智能应用场景的前沿共性创新平台,鼓励和支持区域各传统行业采用人工智能最新成果并实施相应的试点示范项目。

（3）建设多元化创新主体,构建全球人工智能产业创新策源高地。积极探索创新主体的多元化发展模式,激发高校、科研院所的创新活力,积极引导大企业设立人工智能研究所,积极引入外企研发机构,以推进我国人工智能的基础研究和前沿探索,提升人工智能领域创新策源能力。同时,加大对人工智能领域中小企业的培育力度,力争培育一批能够解决非核心技术的中小型人工智能服务供应商。围绕我国人工智能产业发展,形成多元化、结构化的创新主体。围绕多元化的创新主体和人工智能需求场景,形成具有特色的人工智能创新载体,构建人工智能产业创新策源高地。对创新载体进行布局优化,形成人工智能研究、人工智能场景应用、人工智能产业创新等形式的人工智能产业创新策源地。优化不同形式人工智能产业创新策源地的内部结构,合力构建全球人工智能产业创新策源高地。

7.3.2　从区域层面

拓展人工智能应用场景,深化实体经济融合发展。推进人工智能在产业经济、市民生活、智慧城市等社会领域的融合应用,结合我国"十四五"建设目标,拓展搭建一系列智能化产业融合的应用场景,打造国际领先的融合场景应用高地。

具体措施和路径如下。

（1）夯实人工智能信息基础设施。打造高速宽带、融合信息基础设施,构建全覆盖、高效能的人工智能信息基础设施体系。支持以智能发展需求为导向,完善集感知、传输、存储、计算、处理于一体的新一代智能化信息基础设施,实现区域互联网接入的无缝覆盖。

（2）充分发挥区域各财政专项资金的支持作用，设立专门的人工智能产业发展项目基金，积极开展人工智能专项扶持计划。通过直接资助手段，设立"创新链+产业链"融合专项，构建覆盖基础研究—技术创新开发—产业化—市场拓展全生命周期的资助体系，形成链式资助，促进创新链与产业链融合，充分发挥应用场景拉动力。

（3）依托产业创新联盟等第三方专业机构，举办面向全球的高级别人工智能展会。聚焦热点与前沿问题，着力突出与区域创新生态相匹配的优势场景，为企业搭建技术应用咨询、技术转移和寻找合作伙伴的理想平台，释放企业在各类应用场景的创造力。

（4）开展重点领域应用示范。全面提升各产业智能化水平，在智能制造、智能金融、智能商务、智能物流等重点领域开展人工智能应用试点示范。发展工业机器人、智能柔性生产线等智能化产品和技术应用服务。例如，在智能金融方面，提升企业的金融服务能力，拓宽金融服务领域，实现金融服务的智能化、个性化、定制化；鼓励企业开发基于机器视觉、语音语义识别等人工智能技术的商务智能分析和决策服务；加强数据动态分析，开展智能物流装备的研发和推广应用，推进物流业务流程智能化发展。

（5）结合区域特色拓展民生领域创新应用。持续推进人工智能在医疗、教育、家居、零售等领域的创新应用，提高民生服务的智能化水平，为公众提供个性化、多元化、专业化、精准化、高品质服务，打造智能宜居示范区。例如，在智能医疗方面，加快推进医学影像辅助诊断技术及产品的研发与运用，支持龙头企业建立开发创新平台，促进人工智能技术在医疗行业的融合运用；在智能家居方面，加强人工智能技术与家居建筑系统的融合应用，提升建筑设备及家居产品的智能化水平；在智能教育方面，利用人工智能技术加快推动人才培养模式、教学方法改革，构建包含智能学习、交互式学习的新型教育体系；在智能零售方面，支持无人门店发展，探索建立智能零售试验区。

7.4　创新资源集聚力提升路径

7.4.1　从国家层面

完善引才育才机制、建设平台化资源联动体系。增强创新资源集聚力对人工智能基础研究、技术创新和应用创新等创新活动具有重要的促进作用,能够有效提升人工智能产业创新治理水平,完善创新策源的自组织系统,为我国人工智能产业创新策源提供内生动力,推动我国人工智能产业可持续创新发展。

(1)加强人工智能产业人才需求预测,优化人才结构。人工智能产业创新策源能力建设的关键是人才,完善引才育才机制和创新激励制度是人工智能产业作为知识密集型产业的本质要求。针对我国人工智能产业的创新策源和发展需要,完善创新激励机制,塑造具有竞争力的人才队伍,为创新主体提供长期、稳定的人才保障,促进人工智能产业创新策源。人才的引进与培育是推动人工智能创新活动的重要手段,及时填补人才缺口需要由外部力量进行主导干预,解决人才市场的失灵问题,优化人才结构,从数量和质量上满足我国人工智能产业创新策源能力发展的实际需要。

一方面,建立和优化人工智能产业人才需求预测数学模型,完善不同领域不同层次的紧缺人才目录及动态更新机制,在引才育才过程中注重梯次配置,按人工智能产业具体规划和布局精准引进稀缺人才,同时以基础研究和技术应用为导向大力推进相关学科建设,引育和培养一批人工智能产业创新策源紧缺的专业技术人才和跨界复合型人才。另一方面,创新人才培育方式,推动产学价值共创,加强与全球顶尖人才人工智能研究机构和企业的互动,设立人工智能学科和重点高校,推广多主体联合培养模式,扩大人才储备的规模,提高高校人才培养与人工智能产业创新策源能力建设所需人才的匹配度,保障人才队伍的长期稳定性。

(2)充分发挥创新主体的平台作用,建设人才队伍。高校、科研院所、大企业等是人工智能人才培养的主要载体,要充分发挥不同形式人工智能创新主体的平台作用,建设能够支持我国成为全球人工智能产业创新策源高地的结构化人才队伍。吸引国际知名研究学者和团队入驻具有较强人工智能基础研究能力的高校;引导外资研发机构在国内设立联合或独立分支机构,以吸引国际人工智能高端人才。通过政策支持、增大研发投入等措施,培养一批全国领先,具有国际视野,能够开展基础研究、核心技术攻关的国内人工智能高端人才。鼓励高校设立人工智能学院和人工智能专业,培养人工智能领域的专业技术人才。

(3)建设完善的创新激励机制。创新型人才的引进和培育离不开创新激励机制建设。要推动我国人工智能产业创新策源能力建设,政府必须从人员管理、成果归属和利益分配等方面进行改革,鼓励支持创新人才在基础研究、核心技术及交叉领域协同创新,采用政府首购、订购等方式激励异质化创新成果推广,赋予科研人员对自身科技创新成果归属的自主决定权，鼓励科研创新人才的创业行为，提高创新人才的社会地位，扩大创新人才的发展空间，充分激发人才的创新自主性和创新潜能。

（4）完善创新资本联动机制。在逐步推进创新资本助力人工智能产业创新策源的过程中，既要依据相关基础研究、核心技术及应用的市场需求和经济效益，也要对其战略需求进行研判，围绕市场需求和任务需求等关键信息建立高校、科研院所、企业和投资机构的沟通模式，加大对人工智能创新企业和项目的投资力度；促进创新资本面向人工智能龙头企业、中小企业和初创企业的多层次布局，运用资本力量提升主体创新动力，加速智力资本和创新成果高效转移、转化，促进我国人工智能产业创新策源能力可持续高质量发展。

（5）优化人工智能领域创新开放合作水平。在人工智能创新网络全球化背景下，必须坚持开放创新合作并积极融入全球创新网络。加强与其他国家和地区间的协同合作，形成跨区域的优势协同互补，引领我国人工智能产业创新发展，打造创新内外循环枢纽；积极组织、参与国内外大科学计划，鼓励国际金融资本和研究机构在国内设立分支机构等，完善国际创新枢纽功能。创新开放合作是我国提升人工智能产业创新策源能力的根本和先天优势，坚持开放创新有利于对社会和市场释放积极的信号，从而进一步吸引和集聚国内外一流创新资源，助力我国人工智能产业创新策源能力提升。

7.4.2 从区域层面

创新机制精准引才，提升科技资源集聚力。人工智能产业具有知识密集型产业和资本密集型产业的双重属性，各类创新主体对自身利益的追求及围绕创新要素尤其是智力资本、资金支持的竞合是人工智能产业创新策源能力提升的重要动力。因此，面向人工智能产业领域高质量创新资本的形成及其高效循环对区域人工智能产业创新策源能力提升具有重大意义。

具体措施和路径如下。

（1）按需精准引进高端人才。加强人工智能产业人才需求预测，建立并动态更新急需紧缺人才目录，丰富引才模式，创新海外高层次人工智能人才引进机制，依托引智工程，在关键核心技术领域精准引进人工智能高端人才。建立与国际接轨的人才招聘、科研资助、人才评价、人才服务等制度，完善医疗、教育、出入境及居留等保障措施。

（2）产学价值共创，柔性引进人工智能人才。依托人工智能产业百强名单中的企业，提高高校人才培养与企业发展所需人才的匹配性，同时鼓励高校不仅加强与区域内企业的合作,而且加强与全球顶尖人工智能研究机构和企业的互动,采取项目合作、技术咨询等多种柔性方式引进人工智能人才。

(3)加大区域高校人才培育力度。建设人工智能学科,创新人才培养机制,在基础教育阶段开设人工智能相关课程,创新产学研合作培养模式,立足人工智能产业链关键环节,搭建跨学科、跨领域与跨组织的科研平台,加强学科间、学院间、校内外科研人员间的合作研究、协同创新。建设人工智能实训基地,鼓励高校、科研院所与企业联合开展人才培养,加强多层次人才储备。

(4)针对人工智能芯片等重点领域,加大合作力度。充分利用现有的各类人才计划,加大对国际顶尖科学家的吸引力,并设立专门人才引进通道。鼓励高校、科研院所和企业采用项目合作、技术咨询、交流访问等多种形式引进人工智能高端人才,加大技术合作力度,形成创新资源集聚。

7.5 创新创业环境支撑力提升路径

7.5.1 从国家层面

鼓励探索式创新机制、推动创新社会氛围营造。国外发达城市推进人工智能产业创新的实践证明,人工智能产业创新策源相关创新主体的参与和互动离不开地方政府所建立的具有积极导向作用的社会环境和城市文化,培育和激发创新是社会环境与城市文化的重要功能。

(1)建立鼓励探索、宽容失败的科研管理机制。基础研究等创新活动对人工智能产业创新策源能力的形成和提升影响重大,然而,外部环境变化、周期长等因素使得面向创新策源的科研创新项目伴随着极大的失败风险,导致多数企业在基础研究和核心技术原创研究方面的动力不足。鼓励探索、宽容失败的科研管理机制有利于改善国内创新创业环境对失败的宽容度较低和原始创新积极性不高的问题,减轻科研人员的心理负担,降低企业的失败成本。目前,我国正处于人工智能产业创新策源能力建设的前置积累期,发挥鼓励探索、宽容失败的科研管理机制,促进源头培育,推动人工智能产业涌现出更多的原创性重大突破,要从以下两个方面发挥作用:一是对人工智能产业创新发展有重大贡献的科研人员进行奖励和表彰,激发企业和创新人才的创新积极性;二是对所参与科研项目失败的无主观过失的企业和科研人员，不予追究相关责任，在科研经费等创新资源方面继续给予支持，营造有利于人工智能产业创新策源的社会环境。

（2）提高居民科学素养，弘扬创新文化。培育有利于人工智能产业创新策源的社会环境和城市文化要具有普及性，面向广大居民，提高居民科学文化素养，在全社会营造崇尚创新、理解创新的氛围，弘扬和宣传勇当创新发展先行者的区域创新文化和精神，促进科学文化与人文之间的融合，培育企业家精神、科学家精神，普及人工智能领域相关基础知识，提高居民对数据资源共享开放、创新成果试点示范等方面的理解和支持度，使全社会理解人工智能产业创新策源地建设的重要意义，为提升我国人工智能产业创新策源能力提供内在驱动力。

（3）推动创新社会氛围营造。我国在人工智能领域创新社会氛围营造方面较为薄弱，虽然数据开放程度较高，但是各类人工智能在线教育课程在高校及公众中的渗透度较低，无法有效利用公众在人工智能领域创新的灵活作用及相关潜在劳动力。伦敦在人工智能人才储备方面不及纽约，但近年来伦敦大力加强各层次人工智能人才培养，快速推动了伦敦人工智能中小企业的成长。伦敦不仅注重高级人才的供应，而且注重人才的多样性，其 MOOCs 提高公众对技能需求高的人工智能领域的认知和传授基本技能的方式值得我国在创新社会氛围营造方面进行借鉴和学习。

（4）建立健全数据资源共享开放与监督机制。数据资源共享开放是当前人工智能算法改进、应用场景研发等创新活动的重要支撑和保障，是促进人工智能产业创新发展的必要手段。目前政府掌握着区域内最完整、最具价值的数据资源，然而，数据资源共享开放会面临隐私保护、数据滥用等问题和挑战。因此，需要政府对数据资源共享开放进行政策引导和促进，出台相关法律、细则并建立数据资源交换监管制度，保证数据资源合理、合法使用，支撑人工智能产业创新策源能力提升。一方面，提高数据资源的质量和标准化水平。数据资源价值的提高有利于减少数据资源收集、清洗等重复性劳动，为人工智能创新成果在民生领域和重点行业开发应用提供高质量的训练数据集，使科研人员将主要精力投入人工智能算法改进、应用场景研发等创新活动，大幅提高科技创新效率。另一方面，实施灵活的数据资源共享方案和管控制度。政府对出于产业应用目的使用共享数据资源的企业、研究机构进行审核和登记，划定数据资源产业应用红线；对高校、科研院所、企业乃至个人以学术研究为目的的使用共享数据资源，放宽其审核限制条件。当被获取的共享开放数据资源涉及居民个人隐私时，对数据集进行显著标注和说明，使数据资源的实际使用者了解隐私保护的法律规定和违法行为后果，有效发挥政府在数据资源共享开放中的服务水平和保护作用，保证数据资源共享开放在人工智能产业不同创新层次上的支撑力度，促进人工智能产业创新策源能力有序提升。

7.5.2 从区域层面

软硬兼施完善生态，提升创新环境吸引力。创新需要多种资源的共同协作，离不开各项基础设施的保障和支持。为打造高效便捷的营商环境，一方面，需要政府将服务端口前移，保证服务的有效性和时效性，即政策制定者直接对接创业者需求，政策发布者直接对接企业服务，设置商业监管论坛，优化政府监管流程；另一方面，需要设立市场开发基金，增强企业发展潜力，即帮助区域相关企业更快速地进入市场，打通中小企业为政府提供创新产品和服务的市场供给通道。

具体措施和路径如下。

（1）聚焦关键环节，前瞻性地构建法规标准。聚焦人工智能产业发展的关键环节，充分研究人工智能与实体经济、市民生活、城市运行深度融合的安全风险、法律风险和伦理风险，制定有利于人工智能健康发展的运营规范。

（2）推进创新文化建设，加强科研诚信体系建设，加强知识产权保护，促进人工智能产业转移、转化。建立人工智能知识产权联盟，构筑和运营专利池，培养高价值专利。完善人工智能行业标准体系建设，在数据处理标准、基础硬件设施、应用服务和安全隐私等方面探索、研究、制定技术标准和应用规范。

（3）优化营商环境。打造高效便捷的营商环境不仅需要政府服务端口前移，保证服务的有效性和时效性，而且需要设立市场开发基金，增强企业发展潜力。

（4）建设开放式创新平台。围绕人工智能产业数据开放、共性技术研发、资源互通的核心需求，建设开源开放、共享协同的人工智能创新服务平台。支持龙头企业建立行业数据资源开放共享平台，为工业、医疗、金融、交通等行业提供高质量的训练资源库、标准测试数据集及云服务平台。

（5）加强产业监测，密切关注前沿产业技术发展。充分加强对人工智能产业的跟踪、监测、分析，密切关注人工智能产业前沿技术和发展动态，强化动态管理，构建人工智能应用监管机制。

第8章　总结与展望

首先，本书将产业创新策源能力定义为一种聚焦全球科技前沿、领跑产业创新发展的核心竞争力，具体可表现为学术新思想和科学新发现的催生力、技术新发明的引领力、产业新方向的带动力等。具体到人工智能产业领域，提出行为"主体"（包括政府、人工智能企业群、高校及科研院所等）、内外之"源"（基础研究、核心技术、应用场景等内部驱动要素简称内"源"，政策支持、制度伦理、市场需求、资本支撑、数据开放、人才保障等外部支撑条件简称外"源"）、活动之"策"（各类创新活动）共同构成人工智能产业创新策源能力的内涵及其不断形成与发展的"一体两翼"。

其次，本书围绕基础研究影响力、核心技术引领力、应用场景拉动力、创新资源集聚力和创新创业环境支撑力五个方面，构建了一个包括三级评价指标的框架体系，对包括上海在内的全国 10 个人工智能重点城市进行了评价和分析，发现其主要特征、瓶颈及问题。例如，对高校等研究机构的支持力度有待加强，突破杰出人才数量不足的瓶颈；国际协同创新潜力有待挖掘，突破流量向增量转化不力的瓶颈；产业链完整度有待完善，突破应用场景拉动力发挥不充分的瓶颈；布局及推广效果有待提升，突破场景特色优势发挥受限的瓶颈；资源分配结构有待优化，突破基础层动力不足的瓶颈；融资规模有待加大，突破产业新方向落地不易的瓶颈；创新生态环境有待改善，突破协同度、系统性不够的瓶颈；功能型平台建设有待加快，突破链接力、润滑力不足的瓶颈，为后续分析及对策研究提供依据和参考。

再次，本书通过比较和分析上海与纽约、伦敦、东京等国际典型城市人工智能产业创新策源的现状、模式及能力，从国际竞争力提升、大科学计划与工程、产学研合作与协同创新、人才队伍、创新社会氛围营造等方面归纳、总结可供我国借鉴的一些国际先进做法和经验。例如，加大人工智能研发投入，巩固基础研究的国际竞争力；增强科学交流与成果推广，牵头国际大科学计划与工程；建设多元化创新主体，构建全球人工智能产业创新策源高地；充分发挥创新主体的平台作用，建设人才队伍；推动创新社会氛围营造，等等。

最后，本书针对当前人工智能产业创新发展过程中面临的突出问题和实践需求，提出其产业创新策源能力提升的总体思路，分别围绕基础研究和应用场景两个方面，研究并提出相应的推进路径；分别针对人工智能产业创新策源能力的基础研究影响力、核心技术引领力、应用场景拉动力、创新资源集聚力、创新创业环境支撑力等五个维度，提出相关配套政策建议。以期通过上述研究，为加快人工智能产业从"跟跑""并跑"转向"领跑"，推动我国人工智能产业创新体系建设，提供理论依据和决策参考。

总体而言，针对当前我国人工智能产业创新发展过程中面临的突出问题、实践需求，本书初步形成了提升人工智能产业创新策源能力的推进路径，但受多方面条件所限，仍存在进一步深化和拓展研究的空间。后续可望围绕创新策源的五个维度，分别从国家层面和区域层面针对性提出加快我国人工智能产业从"跟跑""并跑"转向"领跑"的相关决策参考：一方面，结合其他国家人工智能产业发展路径和规划，进一步调研人工智能领域创新企业，明确现阶段及未来企业切实需求，为我国人工智能产业创新策源提供有效的对策建议；另一方面，通过进一步调研和访谈区域人工智能产业创新策源现状和发展规划，结合已有区域优势，探索不同区域人工智能产业创新策源路径，进而明确区域间差异并完善能力短板的补齐和鲜明优势的塑造。

参 考 文 献

曹萍，赵瑞雪，尤宇，等.2022.创新策源能力如何影响区域创新绩效？——基于 30 个省份的 QCA 分析[J].科技管理研究，42（13）：1-9.

曹清峰，倪鹏飞，马洪福.2021.中国城市体系可持续竞争力的国际比较研究[J].河南社会科学，29（4）：49-56.

陈劲，阳银娟.2012.协同创新的理论基础与内涵[J].科学学研究，30（2）：161-164.

陈劲.2021.人工智能与实体经济的整合式创新路径研究[J].人民论坛（1）：29-31.

陈磊，王柏村，黄思翰，等.2021.人工智能伦理准则与治理体系：发展现状和战略建议[J].科技管理研究，41（6）：193-200.

陈奕延，李晔，李存金，等.2020.基于数字孪生驱动的全面智慧创新管理新范式研究[J].科技管理研究，40（23）：230-238.

东方网.2018.上海推进科技创新中心建设办公室召开第八次全体会议[EB/OL].（2018-12-17）[2020-05-10].http://shzw.eastday.com/shzw/G/20181217/u1ai12084026.html.

董天宇，孟令星.2022.双循环战略提升中国人工智能产业竞争力途径[J].科学学研究，40（2）：230-236，287.

杜传忠，胡俊，陈维宣.2018.我国新一代人工智能产业发展模式与对策[J].经济纵横（4）：2，41-47.

杜爽，刘刚.2020.基于价值网络分析的我国智能产业发展机制研究——以北京智能产业发展为例[J].湖南科技大学学报（社会科学版），23（2）：66-74.

敦帅，陈强，丁玉.2021a.基于贝叶斯网络的创新策源能力影响机制研究[J].科学学研究（1）：1-21.

敦帅，陈强，马永智.2021b.创新策源能力评价研究：指标构建、区域比较与提升举措[J].科学管理研究，39（1）：83-89.

冯永，钟将，王茜，等.2021.共智融合的大数据智能化人才培养研究与实践[J].中国电化教育（4）：16-25.

耿成轩，周晨，吴泽民.2019.人工智能产业创新能力与融资生态耦合演进——基于系统动力学视角[J].科技管理研究，39（23）：114-122.

耿喆，徐峰，贾晓峰.2018.我国人工智能产业创新生态系统构建研究[J].全球科技经济瞭望，33（S1）：12-18.

顾国达，马文景.2021.人工智能综合发展指数的构建及应用[J].数量经济技术经济研究，38（1）：117-134.

关皓元，高杰.2021.新时期中欧人工智能发展战略与政策环境的比较研究[J].管理现代化，41（3）：57-62.

韩亚娟，杨玉琪.2020.基于组合赋权法和未确知测度模型的发动机健康状况评估[J].运筹与管理，29（4）：204-211.

何玉长，方坤. 2018. 人工智能与实体经济融合的理论阐释[J]. 学术月刊，50（5）：56-67.

胡斌，吕建林，杨坤. 2020. 人工智能企业创新策源能力影响因素分析[J]. 西安财经大学学报，33（5）：27-34.

胡铭，宋灵珊. 2021. "人工+智能"：司法智能化改革的基本逻辑[J]. 浙江学刊（2）：12-23.

江必新，李沫. 2014. 论社会治理创新[J]. 新疆师范大学学报（哲学社会科学版），35（2）：25-34，2.

李福映，郑清菁. 2019. 都市区创新空间布局模式探讨与规划实践——以青岛市为例[J]. 城市发展研究，26（8）：2，111-117，31.

李括. 2020. 美国科技霸权中的人工智能优势及对全球价值链的重塑[J]. 国际关系研究（1）：26-50，155.

李鹏，俞国燕. 2009. 多指标综合评价方法研究综述[J]. 机电产品开发与创新，22（4）：24-25，28.

李舒沁，王灏晨，汪寿阳. 2020. 人工智能背景下工业机器人发展水平综合动态评价研究——以制造业为例[J]. 系统工程理论与实践，40（11）：2958-2967.

李万. 2020. 增强科技创新策源能力的战略选择[J]. 中国科技论坛（8）：1-3.

李文博. 2008. 我国区域创新能力的空间分布特征、成因及其政策含义[J]. 科技管理研究（9）：57-59.

李旭辉，陈莹，程刚. 2020a. 长江经济带创新驱动发展动态评价及空间关联格局研究[J]. 科学管理研究，38（5）：109-115.

李旭辉，张胜宝，程刚. 2020b. 三大支撑带人工智能产业自主创新能力测度分析[J]. 数量经济技术经济研究，37（4）：3-25.

刘琦. 2021. 粤港澳大湾区科技创新策源能力评价研究[J]. 经济体制改革（3）：65-72.

刘艳秋，韩俊敏，王建国，等. 2021. 人工智能专利技术分布、演化及合作创新网络分析[J]. 中国科技论坛（3）：64-74.

卢超，李文丽. 2022. 京沪深创新策源能力评价研究：基于国家科学技术"三大奖"的视角[J]. 中国科技论坛（2）：151-161.

鲁钰雯，翟国方. 2021. 人工智能技术在城市灾害风险管理中的应用与探索[J]. 国际城市规划，36（2）：22-31，39.

吕荣杰，杨蕾，张义明. 2021. 人工智能、产业升级与人力资本的关系研究——基于省际面板的 PVAR 模型分析[J]. 管理现代化，41（1）：26-31.

吕文晶，陈劲，刘进. 2019. 政策工具视角的中国人工智能产业政策量化分析[J]. 科学学研究，37（10）：1765-1774.

孟群舒. 2018. 增强创新策源能力突破关键核心技术[N]. 解放日报，2018-12-18（1）.

彭隆美. 2019. 我国高技术产业技术创新能力评价研究[D]. 成都：西华大学.

任声策. 2020. 以"源"促"策"，全面增强创新策源能力[N]. 科技日报，2020-03-24.

上海社会科学院课题组，屠启宇. 2016. 建设创新型全球城市[J]. 科学发展（2）：12-19.

沈雨婷，金洪飞. 2019. 中国地方政府债务风险预警体系研究——基于层次分析法与熵值法分析[J]. 当代财经（6）：34-46.

宋伟，阮雪松，彭小宝. 2020. 突破式创新与社会抵触：政商关系的调节作用[J]. 科技进步与对策，37（3）：8-15.

宋晓彤，赵志耘，高芳，等. 2019. 人工智能创新价值链构建研究[J]. 高技术通讯，29（4）：395-401.

孙浩林. 2021. 德国更新《联邦政府人工智能战略》[J]. 科技中国（4）：99-101.

汤志伟，雷鸿竹，周维. 2019. 中美人工智能产业政策的比较研究——基于目标、工具与执行的内容分析[J]. 情报杂志，38（10）：73-80.

王超超. 2019. 重庆市县域科技创新体系差异化布局研究[J]. 特区经济（12）：69-71.

王海燕，郑秀梅. 2017. 创新驱动发展的理论基础、内涵与评价[J]. 中国软科学（1）：41-49.

王辉，赵霞霞，司晓悦. 2019. 高校中层领导干部考核指标体系研究——基于德尔菲法和层次分析法的应用[J]. 东北大学学报（社会科学版），21（2）：195-201.

王利红，单颖辉. 2022. 人工智能专利申请从量积到质变的路径研究[J]. 技术与创新管理，43（4）：417-422.

王雅薇，周源，陈璐怡. 2019. 我国人工智能产业技术创新路径识别及分析——基于专利分析法[J]. 科技管理研究，39（10）：210-216.

王元萍. 2020. 科技创新对城市高质量发展的影响机理研究[D]. 重庆：重庆大学.

卫平，范佳琪. 2020. 中美人工智能产业发展比较分析[J]. 科技管理研究，40（3）：141-146.

温雅婷，余江，洪志生，等. 2021. 数字化转型背景下公共服务创新路径研究——基于多中心-协同治理视角[J]. 科学学与科学技术管理，42（3）：101-122.

武琼. 2021. 韩国人工智能战略的实施路径及发展前景研究[J]. 情报杂志，40（4）：67-73，49.

薛澜，姜李丹，黄颖，等. 2019. 资源异质性、知识流动与产学研协同创新——以人工智能产业为例[J]. 科学学研究，37（12）：2241-2251.

薛澜，赵静. 2019. 走向敏捷治理：新兴产业发展与监管模式探究[J]. 中国行政管理（8）：28-34.

闫春，刘璐. 2020. 基于改进 SOM 神经网络模型与 RFM 模型的非寿险客户细分研究[J]. 数据分析与知识发现，4（4）：83-90.

严斌，赵越，杨丰潞. 2021. 基于可拓理论的养老地产 PPP 项目系统风险管理研究[J]. 系统科学学报，29（2）：132-136.

杨俊宴，朱骁. 2021. 人工智能城市设计在街区尺度的逐级交互式设计模式探索[J]. 国际城市规划，36（2）：7-15.

杨天人，金鹰，方舟. 2021. 多源数据背景下的城市规划与设计决策——城市系统模型与人工智能技术应用[J]. 国际城市规划，36（2）：1-6.

杨祎，刘嫣然，李垣. 2021. 替代或互补：人工智能应用管理对创新的影响[J]. 科研管理，42（4）：46-54.

衣春波，赵文华，邓璐芗，等. 2021. 基于专利信息的技术创新策源评价指标体系构建与应用[J]. 情报杂志，40（2）：55-62.

于长钺，王长峰，庄文英，等. 2018. 基于动态演化视角的新一代信息技术产业评价研究[J]. 情报科学，36（5）：110-113.

余江，陈凤，张越，等. 2019. 铸造强国重器：关键核心技术突破的规律探索与体系构建[J]. 中国科学院院刊，34（3）：339-343.

余鹏，马珩. 2021. 基于面积灰关联相对贴近度模型的长三角制造业产业升级研究[J]. 运筹与管理，30（3）：177-182.

禹春霞，满茹，邹志琴. 2020. 基于熵权-TOPSIS 的人工智能行业上市公司投资价值动态评价研究[J]. 工业技术经济，39（12）：138-146.

袁野，刘壮，万晓榆，等. 2021. 我国人工智能产业人才政策的量化分析、前沿动态与"十四五"展望[J]. 重庆社会科学（4）：75-86.

臧维，张延法，徐磊. 2021. 我国人工智能政策文本量化研究——政策现状与前沿趋势[J]. 科技进步与对策，38（15）：125-134.

张金福，刘雪. 2021. 我国地方创新策源能力的模糊综合评价研究[J]. 科技管理研究，41（9）：8-14.

张茂聪，张圳. 2018. 我国人工智能人才状况及其培养途径[J]. 现代教育技术，28（8）：19-25.

张威，蔡齐祥. 2018. 人工智能产业与管理若干问题的思考[J]. 科技管理研究，38（15）：145-154.

张振刚，林丹. 2021. 一流制造企业创新能力评价体系的构建[J]. 统计与决策，37（4）：181-184.

张正清. 2019. 构建以接受性为核心的人工智能伦理[J]. 中国科技论坛（9）：12-15.

赵程程. 2021. "十四五"期间上海人工智能产业发展的着力点探究[J]. 上海质量（5）：30-34.

赵程程. 2022. 人工智能领域人才培养体系的"中国特色"解读[J]. 上海质量（4）：23-25.

周成，魏红芹. 2019. 专利价值评估与分类研究——基于自组织映射支持向量机[J]. 数据分析与知识发现，3（5）：117-124.

周汉民. 2019. 强身健体 守正创新——中国企业"走出去"须激发活力与法治先行[J]. 清华金融评论（12）：19-20.

朱玲玲，茆意宏，朱永凤，等. 2021. 政府数据开放准备度关键影响因素识别——以省级地方政府为例[J]. 图书情报工作，65（3）：75-83.

朱梦菲，陈守明，邵悦心. 2020. 基于 AHP-TOPSIS 和 SOM 聚类的区域创新策源能力评价[J]. 科研管理，41（2）：40-50.

庄珺. 2020. 预见未来：2035 的科学、技术与创新[J]. 世界科学（S1）：19-24.

Arrow K J，Dasgupta P，Goulder L，et al. 2004. Are we consuming too much？[J]. Journal of Economic Perspectives，18（3）：147-172.

Dosi G，Grazzi M. 2006. Technologies as problem-solving procedures and technologies as input-output relations: Some perspectives on the theory of production[J]. Industrial and Corporate Change，15（1）：173-202.

Fang W，Huang S Z，Huang Q，et al. 2018. Reference evapotranspiration forecasting based on local meteorological and global climate information screened by partial mutual information[J]. Journal of Hydrology，561：764-779.

Fujii H，Managi S. 2018. Trends and priority shifts in artificial intelligence technology invention: A global patent analysis[J]. Economic Analysis and Policy，58：60-69.

Karaca F，Camci F. 2010. Distant source contributions to PM_{10} profile evaluated by SOM based cluster analysis of air mass trajectory sets[J]. Atmospheric Environment, 44(7): 892-899.

Li J, Chen Y S, Song H T. 2021. Research on digital currency supervision model based on blockchain technology[J]. Journal of Physics: Conference Series, 1744 (3): 032112.

Losh E. 2009. Digital media and democracy: Tactics in hard times (review) [J]. American Studies, 50 (3-4): 148-149.

Madhavan R, Kerr J A, Corcos A R, et al. 2020. Toward trustworthy and responsible artificial intelligence policy development[J]. IEEE Intelligent Systems, 35 (5): 103-108.

Mikhaylov S J, Esteve M, Campion A, et al. 2018. Artificial intelligence for the public sector: Opportunities and challenges of cross-sector collaboration[J]. Philosophical Transactions Series A, Mathematical, Physical, and Engineering Sciences, 376 (2128): 20170357.

Moaniba I M, Su H N, Lee P C. 2019. On the drivers of innovation: Does the co-evolution of technological diversification and international collaboration matter？[J]. Technological Forecasting and Social Change, 148: 119710.

Ruiz-Real J L, Gázquez-Abad J C, Martínez-López F J. 2020. A view of retailing formats based on the assortment dimension: An analysis in the Spanish context[M]// Martinez-Lopez F, Gázquez-Abad J, Breugelmans E. Advances in National Brand and Private Label Marketing. Cham: Springer: 137-144.

Scherer M U. 2016. Regulating artificial intelligence systems: Risks, challenges, competencies, and strategies[J]. Harvard Journal of Law & Technology, 29 (2): 353-400.

Stix C. 2021. Actionable principles for artificial intelligence policy: Three pathways[J]. Science and Engineering Ethics, 27 (1): 15.

Tang L R, Lin F C, Li T, et al. 2018. Design and synthesis of functionalized cellulose nanocrystals-based drug conjugates for colon-targeted drug delivery[J]. Cellulose, 25 (8): 4525-4536.

Tanveer M, Usman M, Khan I U, et al. 2020. Material optimization of tuned liquid column ball damper (TLCBD) for the vibration control of multi-storey structure using various liquid and ball densities[J]. Journal of Building Engineering, 32: 101742.

Tung Y C, See L C, Chang S H, et al. 2020. Impact of bleeding during dual antiplatelet therapy in patients with coronary artery disease[J]. Scientific Reports, 10 (1): 21345.

Vesnic-Alujevic L, Nascimento S, Pólvora A. 2020. Societal and ethical impacts of artificial intelligence: Critical notes on European policy frameworks[J]. Telecommunications Policy, 44 (6): 101961.

Wan J F, Shen F Y. 2021. Guest editorial: Introduction to the special section on edge intelligence in industrial applications (VSI-eiia) [J]. Computers & Electrical Engineering, 92: 107150.

Xiao Y, Liu S Y. 2019. Collaborations of industry, academia, research and application improve the healthy development of medical imaging artificial intelligence industry in

China[J]. Chinese Medical Sciences Journal，34（2）：84-88.

Yang X，Luo M. 2020. Research on the talent training mode of application-oriented undergraduate cross-border e-commerce innovation and entrepreneurship education[C]. Zhangjiajie：2020 International Conference on Big Data and Informatization Education （ICBDIE）：119-122.

附表 1.1 各省区市人工智能产业创新策源能力评价指标原始数据

省区市	C1/篇	C2/个	C3/篇	C4/次	C5/件	C6/件	C7/万元	C8/%	C9/个	C10/个	C11/%	C12/%	C13/%	C14/个	C15/亿元	C16/%	C17/个	C18/分	C19/分	C20/项	C21/个	C22/个
北京	661	10	11482	204598	1390	24370	16840	57.2	10	7	29	20.3	48.7	1537	1923.4	43.2	49	43.5	3.1	3	32306	9
上海	240	4	3136	45178	302	10598	3481	57.8	12	1	24	41.7	31.7	4838	725.7	14.9	3	56.3	2.9	5	87300	5
天津	74	1	648	8282	39	4337	2293	46.6	10	1	18	32.4	28.3	108	22.2	1.5	1	40.2	3.1	3	15089	0
重庆	41	0	227	2231	10	2981	444	58.1	10	0	18	67.7	15.2	111	2.8	0.5	0	0.0	2.1	0	6299	1
河北	24	0	182	915	12	1500	463	61.2	0	0	21	8.4	11.2	40	0.0	0.1	0	0.0	2.7	1	8255	0
山西	14	0	54	334	3	759	339	56.1	0	0	18	61.5	15.5	0	0.0	0.1	0	0.0	4.1	0	3381	0
辽宁	84	0	613	11957	55	4344	1451	53.2	0	0	18	14.6	16.7	201	1.0	0.5	4	0.0	3.1	0	17028	0
吉林	26	1	190	1021	4	1225	704	54.0	0	0	18	7.0	13.4	54	0.0	0	2	0.0	2.4	0	4018	0
黑龙江	77	1	768	12447	7	2639	566	55.1	0	0	19	5.9	13.9	124	0.0	0.1	2	0.0	2.6	2	5028	0
江苏	248	2	2127	34451	385	16775	2978	49.4	10	0	20	37.7	14.4	613	160.5	5.1	2	0.0	2.9	1	59308	0
浙江	199	2	2230	32659	186	9811	1211	62.3	10	2	21	6.6	15.9	354	229.6	8.3	2	55.8	3.2	1	40191	1
安徽	119	1	1438	48601	49	4505	979	37.7	0	1	20	27.7	14.5	210	18.7	0.4	0	0.0	3.1	2	6611	0
福建	81	1	395	5831	42	3109	255	59.0	0	0	20	13.5	14.6	96	47.6	1.2	0	44.2	3.2	1	30150	0
江西	18	0	50	227	8	1105	356	55.7	0	0	16	15.6	9.9	0	10.0	0	0	24.0	2.4	1	6137	0
山东	91	1	532	6171	124	5409	2035	50.9	6	0	19	9.5	12.8	109	21.0	0.9	0	40.6	2.9	0	30733	0
河南	22	0	69	508	11	2336	330	53.0	0	0	17	63.2	9.4	0	2.7	0.3	0	31.4	3.0	1	8257	0

续表

省区市	C_1/篇	C_2/个	C_3/篇	C_4/次	C_5/件	C_6/件	C_7/万元	C_8/%	C_9/个	C_{10}/个	C_{11}/%	C_{12}/%	C_{13}/%	C_{14}/个	C_{15}/亿元	C_{16}/%	C_{17}/个	C_{18}/分	C_{19}/分	C_{20}/项	C_{21}/个	C_{22}/个
湖北	157	2	1365	20881	72	4725	3930	47.3	12	0	21	33.6	15.6	287	19.4	1.9	2	0.0	3.1	1	11761	0
湖南	105	0	947	11015	32	3062	695	52.6	0	0	22	12.0	11.9	157	4.0	0.8	0	0.0	3.4	1	8765	0
广东	281	3	2726	41117	3468	23295	3723	57.4	5	3	29	36.0	12.4	349	429.2	16.9	1	38.8	3.9	2	170968	5
海南	2	0	15	23	1	132	17	52.9	0	0	16	5.3	16.7	0	0.0	0.1	0	32.3	3.4	0	2707	0
陕西	153	3	1302	51410	26	5781	3570	49.3	0	0	19	79.5	17.4	266	8.5	0.7	1	19.7	2.8	0	5856	0
甘肃	10	0	63	258	2	381	624	44.2	0	0	19	16.5	12.6	0	0.0	0	1	0.0	3.3	0	2342	0
青海	3	0	3	1	0	155	251	50.6	0	0	19	1.3	14.4	0	0.0	0	1	0.0	3.4	0	519	0
内蒙古	10	0	35	539	0	271	67	57.2	0	0	16	15.7	19.3	0	0.0	0	0	0.0	3.3	0	3511	0
广西	27	0	102	865	0	1283	142	31.5	0	0	16	20.6	7.1	0	0.0	0	0	0.0	5.3	0	5333	0
西藏	0	0	1	0	1	14	0.1	45.1	0	0	16	0.7	8.0	0	0.0	0	0	0.0	0.0	0	266	0
宁夏	3	0	3	1	2	182	26	49.8	0	0	20	5.3	13.2	0	0.0	0	0	22.9	3.1	0	762	0
新疆	6	0	9	152	1	320	17	60.9	0	0	18	3.3	17.2	0	0.0	0.1	0	0.0	3.9	0	1659	0
四川	109	0	856	9915	40	6536	1984	48.6	0	0	18	66.5	12.9	157	25.7	2	0	0.0	3.4	1	12502	0
云南	10	0	62	271	8	1124	284	54.7	0	0	16	16.4	9.9	0	0.0	0	0	0.0	3.0	0	4343	0
贵州	6	0	15	77	12	645	298	46.1	0	0	17	38.4	9.3	0	1.0	0.1	0	55.1	3.2	1	1891	0

附录 2

1. MATLAB 仿真程序

```
function
dy=IEARCB(t,start_list,beta0,beta1,beta2,beta3,beta4,
beta5,alpha,I,B,C,A,R,E,k)
dy=zeros(6,1);
%start_list=[dI/dt,dE/dt,dA/dt,dR/dt,dC/dt,dB/dt]
dy(1)=-beta0*I+alpha*C*A*R*E*start_list(6)+alpha*B
*A*R*E*start_list(5)+alpha*B*C*R*E*start_list(3)+alpha
*B*C*A*E*start_list(4)+alpha*B*C*A*R*start_list(2)+ran
d(1);
dy(2)=-beta1*E+alpha*C*A*R*start_list(6)+alpha*B*A
*R*start_list(5)+alpha*B*C*R*start_list(3)+alpha*B*C*A
*start_list(4)+rand(1);
dy(3)=-beta2*A+alpha*C*R*start_list(6)+alpha*B*R*
start_list(5)+alpha*B*C*start_list(4)+rand(1);
dy(4)=-beta3*R+alpha*C*start_list(6)+alpha*B*start_
list(5)+rand(1);
dy(5)=-beta4*C+alpha*start_list(6)+rand(1);
dy(6)=-beta5*B+k*I+rand(1)
clc;clear;
%start_list=[dI/dt,dE/dt,dA/dt,dR/dt,dC/dt,dB/dt]
start_list=[0.01,0.01,0.01,0.01,0.01,0.01];
bcarei=1;
B=bcarei;C=bcarei;A=bcarei;R=bcarei;E=bcarei;
I=bcarei;
alpha=4;
beta0=1;
beta1=0.85;
```

```
beta2=0.7;
beta3=0.45;
beta4=0.15;
beta5=0.05;
k=0.1;
[t,y]=ode45(@IEARCB,[0,2],start_list,[],beta0,
beta1,beta2,beta3,beta4,beta5,alpha,I,B,C,A,R,E,k);
%I
figure(1)
plot(t,y(:,1),'s')
grid on
hold on;
%E
figure(2)
plot(t,y(:,2),'^')
hold on;
%A
figure(3)
plot(t,y(:,3),'*')
hold on;
%R
figure(4)
plot(t,y(:,4),'+')
hold on;
%C
figure(5)
plot(t,y(:,5),'x')
hold on;
%B
figure(6)
plot(t,y(:,6))
legend({'I','E','R','A','C','B'},'orientation',
'horizontal')%
hold on;
```

2. 判断矩阵

1）判断矩阵 B_1-C（附表 2.1）

附表 2.1 基础研究影响力判断矩阵 B_1-C

基础研究影响力 B_1	计算机科学领域高被引的论文数量 C_1	计算机科学领域研究机构数量 C_2	计算机科学领域顶级论文录用数量 C_3	计算机科学领域顶级论文被引用量 C_4
计算机科学领域高被引的论文数量 C_1	1	3	1/2	1/3
计算机科学领域研究机构数量 C_2	1/3	1	1/2	1/3
计算机科学领域顶级论文录用数量 C_3	2	2	1	1/3
计算机科学领域顶级论文被引用量 C_4	3	3	3	1

2）判断矩阵 B_2-C（附表 2.2）

附表 2.2 核心技术引领力判断矩阵 B_2-C

核心技术引领力 B_2	人工智能领域 PCT 专利数量 C_5	人工智能领域专利申请数量 C_6	技术市场成熟度 C_7	专利授权率 C_8
人工智能领域 PCT 专利数量 C_5	1	3	3	5
人工智能领域专利申请数量 C_6	1/3	1	3	3
技术市场成熟度 C_7	1/3	1/3	1	2
专利授权率 C_8	1/5	1/3	1/2	1

3）判断矩阵 B_3-C（附表 2.3）

附表 2.3 应用场景拉动力判断矩阵 B_3-C

应用场景拉动力 B_3	人工智能应用场景数量 C_9	国家人工智能开放创新平台数量 C_{10}	数字经济劳动力需求 C_{11}	高技术产品出口比例 C_{12}
人工智能应用场景数量 C_9	1	1	1/2	3
国家人工智能开放创新平台数量 C_{10}	1	1	1/2	3
数字经济劳动力需求 C_{11}	2	2	1	3
高技术产品出口比例 C_{12}	1/3	1/3	1/3	1

4）判断矩阵 $B_5\text{-}C$（附表 2.4）

附表 2.4　创新创业环境支撑力判断矩阵 $B_5\text{-}C$

创新创业环境支撑力 B_5	政府数据开放程度 C_{18}	科研协作水平 C_{19}	人工智能产业发展政策发布数量 C_{20}	外商投资企业数 C_{21}	人工智能功能性平台数量 C_{22}
政府数据开放程度 C_{18}	1	1	1/5	3	1/3
科研协作水平 C_{19}	1	1	1/5	1/2	1/5
人工智能产业发展政策发布数量 C_{20}	5	5	1	5	2
外商投资企业数 C_{21}	1/3	3	1/5	1	1/5
人工智能功能性平台数量 C_{22}	3	5	1/2	5	1

3. Python SOM 聚类程序

```python
def initCompetition(n,m,d):
    array=np.random.rand(n * m *d)#
random.random(size=n * m *d)
        com_weight=array.reshape(n,m,d)
        return com_weight
def cal2NF(X):
    res=0
    for x in X:
        res+=x*x
    return res ** 0.5
def normalize(dataSet):
    old_dataSet=dataSet.copy()
    for data in dataSet:
        two_NF=cal2NF(data)
        for i in range(len(data)):
            data[i]=data[i]/two_NF
    return dataSet,old_dataSet
def normalize_weight(com_weight):
    for x in com_weight:
        for data in x:
            two_NF=cal2NF(data)
```

```python
        for i in range(len(data)):
            data[i]=data[i]/two_NF
    return com_weight
def getWinner(data,com_weight):
    max_sim=0
    n,m,d=com_weight.shape
    mark_n=0
    mark_m=0
    for i in range(n):
        for j in range(m):
            if sum(data * com_weight[i,j])>max_sim:
                max_sim=sum(data * com_weight[i,j])
                mark_n=i
                mark_m=j
    return mark_n,mark_m
def getNeibor(n,m,N_neibor,com_weight):
    res=[]
    nn,mm,_=com_weight.shape
    for i in range(nn):
        for j in range(mm):
            N=int(((i-n)**2+(j-m)**2)**0.5)
            if N<=N_neibor:
                res.append((i,j,N))
    return res
def eta(t,N):
    return(0.3/(t+1))*(math.e **-N)
def do_som(dataSet,com_weight,T,N_neibor):
    for t in range(T-1):
        com_weight=normalize_weight(com_weight)
        for data in dataSet:
            n,m=getWinner(data,com_weight)

neibor=getNeibor(n,m,N_neibor,com_weight)
            for x in neibor:
```

```
            j_n=x[0];j_m=x[1];N=x[2]
    com_weight[j_n][j_m]=com_weight[j_n][j_m]+eta(t,N)*
(data-com_weight[j_n][j_m])
            N_neibor=N_neibor+1-(t+1)/200
        res={}
        N,M,_=com_weight.shape
        for i in range(len(dataSet)):
            n,m=getWinner(dataSet[i],com_weight)
            key=n*M+m
            if key in res:
                res[key].append(i)
            else:
                res[key]=[]
                res[key].append(i)
        return res
    def SOM(dataSet,com_n,com_m,T,N_neibor):
        dataSet,old_dataSet=normalize(dataSet)
    com_weight=initCompetition(com_n,com_m,dataSet.
shape[1])
        C_res=do_som(dataSet,com_weight,T,N_neibor)
        draw(C_res,dataSet)
        draw(C_res,old_dataSet)
        return C_res
    def draw(C,dataSet):
        color=['r','y','g','b','c','k','m','d']
        count=0
        for i in C.keys():
            X=[]
            Y=[]
            datas=C[i]
            for j in range(len(datas)):
                X.append(dataSet[datas[j]][0])
                Y.append(dataSet[datas[j]][1])
        plt.scatter(X,Y,marker='o',color=color[count%len(
```

```
color)],label=i)
            count+=1
             plt.legend(loc='upper right')
        plt.show()
    cluster_result=SOM(data_csv.values[:,1:23],1,5,
4000,4)
    str_result_dic={0:[],1:[],2:[],3:[],4:[]}
    place_list=['安徽','北京','福建','甘肃','广东','广
西','贵州','海南','河北','河南','黑龙江','湖北','湖南','吉
林','江苏','江西','辽宁','内蒙古','宁夏','青海','山东','山
西','陕西','上海','四川','天津','西藏','新疆','云南','浙江
','重庆']
    for i in cluster_result:
        for j in cluster_result[i]:
            str_result_dic[i].append(place_list[j])
    print(str_result_dic)
```